青少年心理自助文库
自强丛书

自 警

朝如青丝暮成雪

栾 燕/编著

松荣梅竹秀，三径但含滋。不与乾坤老，难令霜雪欺。
交情存淡薄，世治识艰危。前路留教远，终身以自期。

中国出版集团　现代出版社

图书在版编目(CIP)数据

自警:朝如青丝暮成雪 / 栾燕编著. —北京 : 现代
出版社, 2013.11(2021.3 重印)

ISBN 978-7-5143-1603-2

Ⅰ. ①自… Ⅱ. ①栾… Ⅲ. ①时间 – 管理 – 青年读物
②时间 – 管理 – 少年读物 Ⅳ. ①C935 – 49

中国版本图书馆 CIP 数据核字(2013)第 149205 号

编　著	栾　燕	
责任编辑	刘春荣	
出版发行	现代出版社	
通讯地址	北京市安定门外安华里 504 号	
邮政编码	100011	
电　话	010 – 64267325 64245264(传真)	
网　址	www.1980xd.com	
电子邮箱	xiandai@ cnpitc.com.cn	
印　刷	河北飞鸿印刷有限责任公司	
开　本	710mm×1000mm　1/16	
印　张	12	
版　次	2013 年 11 月第 1 版　2021 年 3 月第 3 次印刷	
书　号	ISBN 978-7-5143-1603-2	
定　价	39.80 元	

P 前 言
REFACE

　　为什么当今时代一部分青少年拥有幸福的生活却依然感觉不幸福、不快乐？又怎样才能彻底摆脱日复一日的身心疲惫？怎样才能活得更真实、更快乐？越是在喧嚣和困惑的环境中无所适从，我们越是觉得快乐和宁静是何等的难能可贵。其实，正所谓"心安处即自由乡"，善于调节内心是一种拯救自我的能力。当我们能够对自我有清醒认识，对他人能够宽容友善，对生活能无限热爱的时候，一个拥有强大的心灵力量的你将会更加自信而乐观地面对一切。

　　青少年是国家的未来和希望。对于青少年的心理健康教育，直接关系着下一代能否健康成长，能否承担起建设和谐社会的重任。作为家庭、学校和社会，不能仅仅重视文化专业知识的教育，还要注重培养孩子们健康的心态和良好的心理素质，从改进教育方法上来真正关心、爱护和尊重他们。如何正确引导青少年走向健康的心理状态，是家庭、学校和社会的共同责任。因为心理自助能够帮助青少年解决心理问题、获得自我成长，最重要之处在于它能够激发青少年自我探索的精神取向。自我探索是对自身的心理状态、思维方式、情绪反应和性格能力等方面的深入觉察。很多科学研究发现，这种觉察和了解本身对于心理问题就具有治疗的作用。此外，通过自我探索，青少年能够看到自己的问题所在，明确在哪些方面需要改善，从而"对症下药"。

　　成功青睐有心人。一个人要想获得事业上的成功，就要有自信，就要把握住机遇，勇于尝试任何事。只有把更多的心血倾注于事业中，你才能收获

前言

成功的果实。

远大的目标是人生成功的磁石。一个人如果仅仅拥有志向,没有目标,成功就无从谈起。

一个建筑工地上有三个工人在砌一堵墙。

有人过来问:"你们在干什么?"

第一个人没好气地说:"没看见吗? 砌墙。"

第二个人抬头笑了笑说:"我们在盖幢高楼。"

第三个人边干边哼着歌曲,他的笑容很灿烂:"我们正在建设一个城市。"

十年后,第一个人在另一个工地上砌墙;第二个人坐在办公室里画图纸,他成了工程师;第三个人呢,是前两个人的老板。

三个原本是一样境况的人,对一个问题的三种不同回答,反映出他们的三种不同的人生目标。十年后还在砌墙的那位胸无大志,当上工程师的那位理想比较现实,成为老板的那位志存高远。最终不同的人生目标决定了他们不同的命运:想得最远的走得也最远,没有想法的只能在原地踏步。

远大美好的人生目标能吸引人努力为实现它而奋斗不止。每当你懈怠、懒惰的时候,它犹如清晨叫早的闹钟,将你从睡梦中惊醒;每当你感到疲惫、步履沉重的时候,它就似沙漠之中生命的绿洲,让你看到希望;每当你遇到挫折、心情沮丧的时候,它又犹如破晓的朝日,驱散满天的阴霾。

在人生目标的驱策下,人们能不断地激励自己,获得精神上的力量,焕发出超强的斗志。那样,你就能收获成功的果实。

本丛书从心理问题的普遍性着手,分别描述了性格、情绪、压力、意志、人际交往、异常行为等方面容易出现的一些心理问题,并提出了具体实用的应对策略,以帮助青少年读者驱散心灵的阴霾,科学调适身心,实现心理自助。

本丛书是你化解烦恼的心灵修养课,可以给你增加快乐的心理自助术。本丛书会让你认识到:掌控心理,方能掌控世界;改变自己,才能改变一切。本丛书还将告诉你:只有实现积极心理自助,才能收获快乐人生。

C目录
CONTENTS

目录

自警

——朝如青丝暮成雪

第三篇　稳扎稳打绝不冒进

第四篇　汗水浇开成功之花

第五篇 舐犊之情深似海

目
录

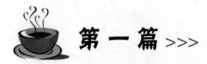

第一篇 >>>

意志如山无坚不摧

　　坚忍不拔是通向成功的渡船！谁想到达光辉的顶点，摘取高峰的明珠，夺得人生征途的最后胜利，谁就得凭借坚忍不拔的意志，顽强地拼搏到底。可见，一个拥有坚定意志的人，就能掌控自己的命运，直至成功。

　　人从来到世界那刻起就在抉择，抉择自己的生活方式。抉择时你是否想过你所选择的生活方式是否适合自己？是否符合现实中的你？我们在选择自己的工作、自己的爱情、自己的消费、自己的人生路时是否想过抉择的时候是不是盲目地跟风，毫无目的？

跌倒了就再爬起来

没有一个人的成功是一蹴而就的，没有谁可以一步登天。所有的成功都是经历了一连串的失败之后才到来的。

艾柯卡是美国汽车业最为优秀的商业巨子之一，他曾任职于世界汽车行业的领头羊——福特公司。由于其卓越的经营才能，使得自己的地位不断高升，直到坐上了福特公司的总裁位置。

然而，就在他的事业如日中天的时候，福特公司的老板——福特二世出人意料地解除了艾柯卡的职务，原因是艾柯卡在福特公司的声望和地位已经超越了福特二世，他担心自己的公司有一天改姓为"艾柯卡"。

艾柯卡一下从人生的辉煌跌入了人生的低谷，他坐在自己的小办公室里思绪良久，终于毅然而果断地下了决心——离开福特公司。

在离开福特公司之后，有很多世界著名企业都对艾柯卡发出过邀请，但都被艾柯卡婉言谢绝了。因为他心中只有一个目标，那就是"哪里跌倒的，就要从哪里爬起来。"

他最终选择了美国第三大汽车公司——克莱斯勒公司，因为此时的克莱斯勒已是千疮百孔、濒临破产的公司。他要向福特二世和所有人证明，艾柯卡的确是一代经营奇才。

接管克莱斯勒公司后，艾柯卡进行了大刀阔斧的改革，辞退了32个副总裁，关闭了16个工厂，从而节省了公司很大的一笔开支。整顿后的企业规模虽然小了，但却精干了。另一方面，艾柯卡仍然用那

第一篇 意志如山无坚不摧

3

双与生俱来的慧眼，充分洞察人们的消费心理，把有限的资金都花在了刀刃上。根据市场需要，他以最快的速度推出新型车，从而逐渐与福特、通用三分天下，并最终创造了一个震惊美国的神话。

1983 年，在美国的民意测验中，艾柯卡被推选为"左右美国工业部门的第一号人物"。

1984 年，由《华尔街日报》委托盖洛普进行的"最令人尊敬的经理"的调查中，艾柯卡居于首位。同年，克莱斯勒公司盈利 24 亿美元。如果说在福特公司的艾柯卡是福特的"国王"，那么在克莱斯勒的艾柯卡无疑就是美国汽车业的"国王"。

艾柯卡之所以能创造这么一个神话，完全是由于他坚韧的性格，他能够在哪里跌倒就在哪里爬起来。正是由于这种坚韧的性格，才使艾柯卡的事业进入了第二个春天。人生不可能总是一帆风顺，如果跌倒了就此趴下，永远不会到达胜利的巅峰，而跌倒了再爬起来的人，才会有成功的希望。我们再来看看下面的简历。

1818 年（9 岁），母亲去世。

1831 年（22 岁），经商失败。

1832 年（23 岁），竞选州议员落选。

同年（23 岁），工作丢了。想就读法学院，但未获入学资格。

1833 年（24 岁），向朋友借钱经商。

同年年底（24 岁），再次破产。

1834 年（25 岁），再次竞选州议员，这次赢了。

1835 年（26 岁），订婚后即将结婚时，未婚妻死亡。

1836 年（27 岁），精神完全崩溃，卧病在床 6 个月。

1838 年（29 岁），争取成为州议员的发言人——没有成功。

1840 年（31 岁），争取成为选举人——落选了。

1843 年（34 岁），参加国会议员大选——又落选了。

1846 年（37 岁），再次参加国会议员大选——这回当选了。前往华盛顿特区。

1848 年（39 岁），寻求国会议员连任，失败。

1849 年（40 岁），想在自己州内担任土地局长的工作，遭到拒绝。

1860 年（51 岁），当选美国第 16 任总统。成为美国历史上最伟大的总统之一。

这个人就是林肯。生下来就一无所有的林肯，终其一生都在不断地跌倒，他也曾经绝望至极，但他还是一次次地爬了起来。林肯在竞选参议员落败后也曾说过这样一句话："此路艰辛而泥泞。我一只脚滑了一下，另一只脚也因此站不稳，但我缓口气，告诉自己，这不过是滑了一跤，并不是死去而爬不起来。"

每个人都有自己的梦想，人有梦想才使得这个世界充满了生机。但梦想的最终目的是现实，是通过我们不遗余力的努力将之转变为现实。在这个过程中，我们大部分人都不会一帆风顺，会经常遭遇挫折和不幸。但是成功者和失败者非常重要的一个区别就是，失败者总是把挫折当成失败，被每次挫折深深打击；而成功者却在遭遇一次又一次挫折时，只是把挫折当作了跌倒，他们总是选择再爬起来。

古希腊有这样一个故事，演讲家德摩西尼曾有口吃毛病，那时的他非常害羞，孤独沉默。他的父亲留给他一笔财产，他成了富人。但是按古希腊的法律，在宣称这笔财产属于他之前，必须在公开的辩论中确定他的所有权。口吃和害羞让他束手无策，使他失去自己的财富。后来他致力于演讲，经过坚忍不拔的努力，演讲达到了旁人无法超越的高度。历史忘记夺取他财产人的名字，却令许多人都知道他的故事。

自警

"跌倒后再爬起来",看起来是一句鼓舞失败者最好的话,但是要真正实现起来,则需要勇气和敢于拼搏、敢于战斗的精神。人生的际遇无外乎两种,一种是顺境,一种是逆境。只有跌倒后敢于爬起来的人,才能适应各种环境。我们感激顺境,不怕逆境,因为我们知道,顺境可以帮助我们成功,逆境也可以将我们推向另一个更高的起点。

心灵悄悄话

跌到了,爬起来,你就不会失败,坚持下去,你才会成功。不要因为命运的不公而俯首于它,任凭它的摆布。命运是掌握在自己的手里的,所以在面对挫折的时候,请对自己说:"我不是失败了,而是没有成功。"

朝如青丝暮成雪

生命顽强，坚定不移

世界上每天都有一些物种在消失，而这种不幸似乎永远不会降临在那些生命力极其顽强的动植物身上。它们不需要任何人的保护，也不在意周围的环境怎样恶劣。它们的生命力代表永恒，而永恒就是以坚持为基础的。

很多生活在农村或小河边的人都知道，在旱季干涸的泥塘下面或河岸边的泥土里，仍有大量的生命存在。它们就是生命力顽强的泥鳅，这些小生命可以在泥土中坚持几个月或整整一个冬季，直到春季雨水的到来。

WOC 电台的著名体育节目主持人罗纳德·皮尔在讲述自己的亲身经历时说：每当我不如意时，母亲就会说："最好的总会到来，如果你坚持下去，总有一天你会交上好运。"

母亲是对的，当我大学毕业后，我体会到这点。我当时想先在电台找份工作，然后，再设法去做一名体育播音员。于是我去了芝加哥，走访了几家电台，但每次都吃了闭门羹。在一家电台里，一位好心人告诉我，大电台是不会冒险用一名没经验的新手的。"你可以找家小电台，那里也许会有机会。"我又搭车回到了伊利诺伊州的迪克逊。那里并没有电台，但父亲说，蒙哥马利·沃德公司开了一家商店，需要一名运动员去经营体育专柜。由于我曾经打过橄榄球，于是我试着报了名。那工作听起来非常适合我，但结果令我很失望。

"最好的总会到来。"母亲提醒我说。于是我又来到艾奥恶州达文

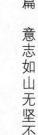

第一篇 意志如山无坚不摧

7

波特的 WOC 电台。但节目部主任彼特·麦克阿瑟告诉我说他们已经雇用了一名播音员。当我离开时，终于受不住打击，大叫道："无法在电台工作，我怎么能当上一名体育播音员呢？"突然我听到了麦克阿瑟的叫声："你刚才说体育什么来着？你懂橄榄球吗？"

然后他让我站在话筒前，让我即兴播一场比赛。回想起前一年秋天橄榄球比赛的情形，我激动地描述着每一个场景。之后，我被告知将主播星期六的一场比赛。在回家的路上。我又想到了母亲的话："如果你坚持下去，总有一天你会交上好运。"

过去可以决定现在，但现在并不意味着未来。如果一种信念，从过去坚持到现在，尽管它已千疮百孔，但只要继续坚持下去，未来就会取得成功。

杰克·伦敦小学毕业后便开始四处流浪、打工。直到 19 岁，才有机会进入中学，40 岁离开人世时，他却给人们留下了 51 部巨著。

杰克·伦敦的童年生活非常窘困，但是他非常喜欢读书，除了做工之外，他一天中的其余时间几乎都在读书。19 岁时，他停止靠体力吃饭的生涯，决定用脑力谋生，他不想再过流浪的日子。于是。他进入了加州的奥克兰德中学。他夜以继日地努力学习，从来没有睡过一个好觉。天道酬勤，他进步很快，仅仅 3 个月就把 4 年的课程学完了，并顺利考入加州大学。

他很想成为一名作家。在这一梦想的驱使下，他拼命地写作。他每天要写 5000 字，也就是说，他可以用 20 天的时间完成一部长篇小说。他甚至会一口气给编辑们寄出 30 篇小说，但它们全部被退了回来。他为此感到绝望，觉得自己可能真的不适合当作家。于是，他不得不放弃了写作。

1896 年有人在加拿大西北柯劳代克发现了金矿。像很多淘金人一样，杰克·伦敦也踏上了柯劳代克寻金之路。他在那儿待了一年，拼命地挖金子。他忍受着无法想象的痛苦，而最终空手回到美国。

只要能糊口，什么工作他都干。他曾在饭店中洗过盘子，擦过地板；他也在码头、工厂里卖过苦力。

后来，有一天，他身上只有两块钱，他决定放弃卖苦力的工作，重新回到文学创作上来，从零开始。在后来的几年内，他写出了6部长篇以及125篇短篇小说，一跃成了美国文艺界最为知名的人物之一。

这个故事告诉我们，失败了，只要有勇气回到起跑线上来，第二次向成功发起冲击，那么你便成功一半了，而剩下的仅仅是一个努力过程而已。

我们常说"罗马不是一日建成的"。这一砖一瓦地砌，是需要工夫的。长城是古人留下的一座伟大的作品，它的意义不仅仅是因为它成了世人瞩目的历史遗产，更是中华民族生生不息的生命力的延续。因为它跨越了几十个朝代，花费了整整两千年时间才完成的。

只有顽强的人才会在以后的道路中越来越少跌倒。而那些跌倒第99次后没有爬起来的人是最令人惋惜的，因为他距离成功只有一步之遥。

心灵悄悄话

只有坚定不移的持久性才是成功的保证。也就是说，跌倒了不再爬起，你永远与成功无缘。要知道成功的路上很少有"只跌一次跟头"的人。

坚定信念，无坚不摧

在人的一生中，经历失败和挫折是无法避免的，但我们要坚信一点：一切逆境总会过去，只要永不放弃，总有一天会走向成功。

有个"数星星的孩子"的故事流传很久，这个孩子就是张衡。张衡是中国古代的科学家，他为官清廉，年轻有为，以发明地动仪而载入世界科学史册。张衡为官时，由于在主政当地发生地震，放眼望去一片狼藉，老百姓流离失所，生活困苦不堪。那种荒凉的场面让张衡产生了一个念头，他决定研制一种可以测地震的仪器，以提前预告，减少损失，造福百姓。为了精心研制该仪器，别人躲着地震走，他却经常往来奔波于发生地震的地方，而且不顾余震的危险去现场救灾，安抚灾民，搜集有关用来研制仪器的资料。

由于张衡为官清廉，爱民如子，时刻想着造福百姓，因此受到了百姓们的欢迎和爱戴，于是朝廷提升他到更好的地方任职。但张衡与那些黎民百姓已是鱼水情深，而且他也舍不得自己的科学研究，所以拒不前往。一些朝廷官员认为他不识抬举，甚为不满，又因为张衡两袖清风，为人正直，从不会阿谀奉承，以至于引起了这些人的嫉恨。因此，他们在皇帝面前捏造谎言，说张衡不务正业，尽搞些歪门邪术，对他的研究更是嗤之以鼻。

久而久之，皇帝也起了疑心，便命人前去查个究竟，调查之人去了张衡主政的地方后，经过一番明察暗访，渐渐查明朝廷上有些人是在恶意诽谤，便奏明皇上，皇上才又信任张衡。调查之人虽为清官，但见张衡经常在苦思冥想一心研制地动仪，也劝说"这是不可能的，不要异想天开，还会影响政务，招致朝廷中人的流言蜚语"。但张衡坚持自己的发明研究，顶住来自方方面面的压力，把政务之外的一切精力都放在自己的发明上，终于研制出了地震仪，为科学的进步作出了巨大贡献。

我们一直承认"胜者为王败者为寇"，但这并不是一个永恒不变的真理，从来没有永远的成功和永远的失败，成功与失败交替出现才是正常的人生现象，诚如那句话所说："没有永恒的王侯，也没有永恒的寇贼"。

奔腾不息的江河，常因巨石而波涛翻滚，常因受阻而改变方向，但依旧感叹它的恢宏与壮观，是因为一刻也不曾忘记自己向前的远大目标。

明末清初著名史学家谈迁，29岁开始编写《国榷》，经过27年的辛勤笔耕，前后修改6次，写出了长达400万字的初稿。但不幸的是，书稿还未出版就被人偷走了。多少年的心血付之东流，谈迁悲痛欲绝。但沉重的打击并未动摇他的志向，"书稿丢了，人却还在，只要我还有一口气，还能把书写出来。"他在心里这样鼓励自己，于是擦干泪水，重新握笔写作。尽管年事已高，体弱多病，记忆衰退，行走不便，但倔强的秉性和执着的信念支撑着他不惜奔波千里搜寻史料，夜以继日，笔耕不辍。又经过9年时间，终于完成了这部巨著。这时，他已是一位白发苍苍的老人了。

伟大的苏联无产阶级革命家奥斯特洛夫斯基，辛辛苦苦在病榻上完成了长篇小说《暴风雨所诞生的》。但不幸的是，书稿被邮局不负责任的邮差在投递中丢失。奥斯特洛夫斯基闻讯如雷轰顶，几乎晕倒。但不幸终归是不幸，仍然要理智地面对现实。到底是就此罢笔，还是从头写起？奥斯特洛夫斯基毅然选择了后者。又经过两年的呕心

第一篇 意志如山无坚不摧

——朝如青丝暮成雪

沥血，名著《钢铁是怎样炼成的》终于问世。

富兰克林当年的电学论文不被科学界认可，皇家学会不但拒绝刊登第一篇论文，还嘲笑他的第二篇论文，他只好求助朋友们，设法出版。但他的论点与皇家学院院长的理论背道而驰，招致这位院长的人身攻击。但富兰克林没有惧怕接二连三的挫折，没有放弃自己的科学信念，坚持自己的科学理论，更加积极地投身于科学实验中。他冒着生命危险，进行了著名的"风筝攫电"实验，最终证明自己理论的正确性。他的发现打破了从前的谬论，著作也随之被译成德文、拉丁文、意大利文，得到了全欧洲乃至全世界的认可。

失败是个奇怪的东西，让人沮丧，却又给人力量。它仿佛一面镜子，你微笑着看它，它就会还你一个笑容；你对它一筹莫展，它就回你一个无奈。因此，如果我们永远对它微笑，那么我收获的便永远都是笑容，最终必将迎来胜利。

心灵悄悄话

在这个世界上永远没有唾手可得的成功，所以只有经得住千锤百炼的人才有可能做成大事。因为他们始终坚守着心中那个不变的信念，所以才会有耐心坚持下去，直到成功的到来。

毅力是人生制胜的法宝

锲而不舍的毅力是冲破人生难关的动力，是人生制胜的法宝。毅力是个人对自己行为和冲动的自我控制能力。有毅力的人能够集中精神，排除万难，达成最终目标。

上校哈兰·桑德斯眼睁睁地看着一条新建的跨州高速公路，在离他的饭馆7里外的地方通过，一脸的无奈。

他知道，他在肯塔基州的这家饭馆，会因为新建的公路而失去许多客人。没有稳定的客源，他将很难把生意支撑下去。66岁的上校并不是个轻易认输的人，他靠着一张烹制炸鸡的神秘菜谱和不懈的毅力扭转了乾坤。意想不到的中途转轨，造就了后来的庞大的肯德基帝国。

哈兰·桑德斯6岁的时候，父亲就去世了，他12岁时，母亲改嫁。初中还没有读完，桑德斯就被送到一家农场去做工了。在农场干了几年以后，桑德斯决心出去闯世界，走自己的路。在接下来的25年里，桑德斯干过的工作像他试过的帽子一样多：他当过粉刷工，在电车上卖过票，开过渡轮，卖过保险，当过兵，在铁路上工作过，他甚至得到过一个函授法学学位，使他能在阿肯色州小石城当上一段时期的治安官。在不断地转换工作中，他始终相信，他会有自己的事业。

后来，他开了一家加油站。他仍然喜爱烹调，经常给妻子和孩子们烹制他的拿手好菜——炸鸡。因为他们一家人就住在加油站旁边，

第一篇　意志如山无坚不摧

来加油的人常常能闻到从他家飘出的阵阵香味。后来，桑德斯就在家里饭厅的餐桌上对外供应现做的饭菜，而"炸鸡"往往是必不可少的一道主菜。

没过多久，来就餐的人就多得使小小的餐厅无法容纳下了。桑德斯搬到街对面一个有150个座位的饭店里，起名叫"桑德斯饭馆"。后来，"厨师"的名声越来越大，最终，肯塔基州州长授予他"名誉上校"头衔。新上校别出心裁，在饭馆旁边加盖了一座汽车旅馆。桑德斯饭馆兼旅馆，成为第一个集食、宿、加油子一体的企业。

桑德斯希望保持那种特有的风格，那种家庭氛围，因为他知道顾客喜欢像一家人吃饭那样，不用菜单点菜。但随着顾客的增加，他越来越难于做到顾客要什么他很快就能给端上来。不过，桑德斯到纽约康奈尔大学学习饭店业管理课程，帮他解决了一些管理方面的问题。但要为那么多的顾客很快地将炸鸡端上桌，却不是件容易解决的事儿。他总是一边手忙脚乱地为顾客炸鸡，一边听着急的顾客在旁边不停地抱怨。

"压力锅"的发明，对桑德斯上校来说真是天赐福音。它可以大大缩短烹制时间，又不会把食物烧糊。于是，桑德斯买了一个压力锅。经过实验，他可以如他所期望的那样，用它在15分钟内把鸡肉炸好，而他用11种香料调制的炸鸡作料也日臻完美。由于他的食品口碑甚佳，营业场地宽阔，众多食客趋之若鹜，即使在经济大萧条时期，桑德斯也是精神焕发，干劲十足。

然而外界的变化再一次威胁到他的安稳生活。新建横贯肯塔基的跨州公路计划最后确定并向大众公布了，这对桑德斯来说是个很大的打击。跨州公路对游客是好事，却要夺走桑德斯的大批顾客，走新公路的游客不可能再来光顾他的饭馆了。

新公路通车后，桑德斯的生意急转直下，以至于桑德斯最后只有变卖资产以偿还债务，所得款项只相当于公路通车前他的总资产的一半。

为了偿清债务，连他的银行存款也用光了。一下子，哈兰·桑德斯这位昔日受人尊敬的"上校"，已经面临"在贫穷潦倒中了此残生"的局面。

桑德斯终日冥思苦想，琢磨怎样摆脱困境，突然想起他曾经把炸鸡做法卖给另一个州的一位饭店老板。这个老板干得不错，所以又有几个饭店老板也买了桑德斯的炸鸡作料，他们每卖1只鸡，付给桑德斯5美分。绝望之中的桑德斯想，也许还有人也愿意这样做。

于是，桑德斯带着一个压力锅，一个50磅的作料桶，开着他的福特汽车上路了。身穿白色西装，打着黑色蝴蝶结，一身南方绅士打扮的白发上校停在每一家饭店门口兜售炸鸡秘方，要求给老板和店员表演炸鸡。如果他们喜欢炸鸡，就卖给他们特许权，提供材料，并教他们炸制方法。

饭店老板都觉得听这个怪老头胡诌简直是浪费时间。桑德斯的宣传工作做得很艰难，头两年，他拜访了600多家饭店，只有很少几个饭店老板把炸鸡加进自己的菜单。

然而，他坚持着做下去，终于取得了突破，从此，他的业务像滚雪球般越滚越大，已经有200家饭馆购买了特许经营权。70岁的桑德斯被要同他合作的人团团包围，要买特许权的餐馆代表蜂拥而至。桑德斯又建起了学校，让这些餐馆老板到肯德基来学习怎样经营特许炸鸡店。

一身南方绅士打扮的上校烹制肯德基炸鸡的形象，吸引了众多记者和电视节目主持人。没有多久，桑德斯修剪整齐的白胡子和黑边眼镜就成为全国知晓的标记。桑德斯经常开玩笑说："我的微笑就是最好的商标。"

他这个活广告的效果奇佳，以至于在桑德斯售出了全部专有权之后，这些权益的新主人还付给他一笔终身工资——请他继续担任肯德基炸鸡的发言人，广泛进行宣传。就在他辞世前不久，还四处推销肯德基炸鸡。桑德斯的实践证明了，不仅可以在晚年开拓一项新的事

业，还可以创建一个非常成功的产业。肯德基炸鸡现在已经在近百个国家开设了上万个连锁店。

如果桑德斯当初没有相信自己产品的信心，没有行动到底的毅力，今天的"肯德基炸鸡"恐怕早已失传了。

心灵悄悄话

通往成功的道路往往充满荆棘，充满坎坷，有着许多障碍险阻，而毅力则是克服障碍的法宝。毅力是理想实现的桥梁，是驶往成才的渡船，是攀上成功的阶梯。没有毅力的人，要想铲除挫败，无疑是异想天开。

有坚韧之志方能成功

孔子认为,"岁寒,然后知松柏之后凋也"。一个人能不能够成就大事需要看他怎样面对挫折与困难的考验。失意时要有坚韧之志方能成功。

苏秦是洛阳(今河南洛阳市东)人,字季子,出生于农贾之家,家境贫寒。苏秦素有大志,不甘寂寞,听说纵横家鬼谷先生博学多能,便去寻找鬼谷先生,拜鬼谷先生为师。与苏秦一起学习的还有一人名叫张仪,是魏国贵族的后代,后游说于秦,被封为武信君,担任了秦国的宰相,主张诸侯各国与秦国连横,以破坏各诸侯国合纵抗秦之策。苏秦、张仪一起向鬼谷先生学习纵横之学,学业有成,然后辞别鬼谷先生下山。

张仪自往魏国去了。苏秦回到洛阳家中,举家欢喜,自不必说。当时苏秦听说卫鞅入秦游说秦孝公,甚得秦孝公欢心,秦孝公封他商(今陕西商县东南)地十五邑,号称商君。于是,苏秦便准备西入咸阳(今陕西咸阳市东北),以"兼并诸侯"之策,游说秦王。计议已定,苏秦便变卖家产,得黄金百斤,制作了黑貂裘的衣服,准备好车马仆从,欲向咸阳进发。兄嫂及妻子等家人见苏秦准备出游列国,都劝阻他说:"季子不种田耕地,经营家产;也不经商谋利,以求十分之一二的利润;反而企图以口舌之劳去求取富贵,丢弃现成的家业,一旦穷困潦倒,悔之晚矣!"苏秦执意不听,遂向咸阳进发。

秦孝公二十四年(公元前333年),苏秦一行来到了秦国。当时秦孝公渠梁刚死，太子驷即位，是为惠文王。惠文王听信贵戚公孙虔党徒的诬告，以谋反的罪名，将商君五马分尸处死。苏秦见秦孝公死了，商君亦死，便去求见惠文王。惠文王召见了苏秦，询问苏秦说："先生不远千里到敝邑，有什么高见来开导我呢？"苏秦便以"兼并"之策游说秦王。苏秦对惠文王说："您的国家四面有天险环绕，易守难攻，可谓是四塞之国。西面有汉中（今陕西秦岭以南南郑地区）南面有巴郡（今四川东部）和蜀郡这些富饶的土地，北面有胡地出产的貉，代郡（今河北西北部、山西东北部）出产的马可以利用。您的国家土地肥美，百姓殷实富足，有战车万乘，武士百万，沃野千里，物产丰富，真正称得上是天府之国，天下最强大的国家。依靠您的贤能，凭借易守难攻的地形地势及经过严格训练的武士，就可以吞并天下，灭掉诸侯各国，建立帝王事业，以求长治久安。"秦惠文王因刚刚车裂了商君，心中憎恨游说士，对苏秦之言置若罔闻，因而不肯重用苏秦。待苏秦语音刚落，惠文王便不耐烦地推辞说："我听说，羽毛不丰满的，不可以高飞；政令不完善的，不可以对百姓加以责罚；道德不丰厚的，不可以使用老百姓；政教不顺从民心的，不可以麻烦群臣。如今先生您不远千里来到秦国的大庭之上来教训我，我想改日再领教您的教诲吧！"

苏秦回住处后，仍不死心，又相继写了十封书信给惠文王，始终得不到回音。苏秦在秦国住了很久，身上穿的黑貂皮袍已经破旧不堪，一百斤黄金已经用尽，却任何收效也没有得到，无可奈何，只得离开秦国，返回自己的故乡洛阳。

他变卖了车马，辞去了仆从，步履蹒跚，精神沮丧，一步步向洛阳走去。他腿上打着绑腿，脚上缠着裹脚布，穿着一双破草鞋，肩上挑着担子，一头装着书，一头装着乱七八糟的东西，身体瘦弱枯槁，满脸又黑又瘦。当他走进自己的家门时，羞容满面，任何话也说不出来。他的妻子正在织布，见到苏秦出去这么多年，回来竟是如此的狼狈，根本不同他搭话，也没有离开织布机，依旧埋头织布。嫂子连饭也不给他做，父母索性不理他。苏秦见到全家人对自己这样冷漠，长叹一口气说道："老婆不把我当作丈夫。嫂子不把我当作小叔子，父母不认我这个儿子，这都是我的罪过呀！"

苏秦非常羞愧地躲进屋中，当夜就翻拣书箱，数十个书箱都被他搬了出来，找到《太公阴符》一本书，闭门苦读，昼夜不息。读到困倦打瞌睡的时候，苏秦就拿起一把锥子，朝自己的大腿刺了进去，鲜血一直流到脚上。他自言自语地说："哪里有劝说国君，使国君图谋霸业，却不能让国君自觉拿出金玉绸缎作为酬答，并且取得卿相尊位的人呢？"苏秦奋发图强，拼命苦读、揣摩，这样过了一年，天下大势，如在掌中，苏秦自认为学业有成，非常高兴地安慰自己说："这一回确实可以劝说当世的国君了。"苏秦想道："当今七国之中，只有秦国最强，可以辅成帝业，无奈秦王不肯采纳我的'兼并'之策，如若再去，不能成功，有何面目复归故里？"便想出了一个"合纵"之策，使六国同心协力，方可抑制强秦。

于是，苏秦辞别了父母妻嫂，从洛阳出来，北上赵国。赵肃侯在一座高大华丽的宫殿中接见了苏秦，苏秦以"合纵"之策，游说赵肃侯。赵肃侯与苏秦谈得十分亲密融洽，谈到兴奋之时，甚至相互拍打着对方的手掌。苏秦对赵肃侯说："六国合纵联盟，共同对抗强秦，如果各国有不按照盟约办事的，便使用其他五国的兵力共同讨伐他，那么，合纵散横的大计可成，秦兵一定不敢走出函谷关来危害山东各国，赵国霸主的事业就可以成功了。"赵肃侯听了，非常高兴地对苏秦说："我年纪轻，管理国家大事的时间短，还没有听到过可使国家长治久安的谋略，如今有您这样一位尊贵的客人出谋献策保全天下，安定各国，我愿意诚恳地率领全国民众，听从您的安排。"赵王对苏秦倍加赏识，当即拜他为相，授予相印一颗，并封他为武安君。赵王赏赐给苏秦白璧百双，锦缎千匹，黄金万镒，兵车百乘。令苏秦以"合纵"之策，游说关东六国；拆散秦国与诸侯国之间的连横，使六国联盟共同对抗强秦。

自 警

苏秦做了赵国的宰相之后，联合关东六国，共同抗秦，使秦兵不敢进入函谷关以东地区。当此之时，天下之大，万民之众，王侯之威，谋臣之权，都取决于苏秦的"合纵"策略。

苏秦原是一位名不见经传的辩士，然而，今非昔比，他出入乘坐着华美的车子，神态怡然地伏在车前的横木上，手中持着马缰绳，控制着车的快慢，横行天下，畅通无阻，在列国的大庭上教诲各国的君主，不许左右之人随便插言乱说。此时此刻，苏秦之威，天下没有任何一个人能够同他相比。

苏秦虽出生于农贾之家，是一个普通百姓，却志向远大，勤奋好学，百折不挠，务求进取。他变卖家产，游说列国，不远千里，以"兼并"之策游说于秦，不能成功，弄得穷困潦倒，徒步返回洛阳，遭到全家人的讥笑与嘲讽。虽然如此，他不但不灰心，反而更加努力向上，以锥刺股，闭门苦读，纵观天下之势，揣摩游说国君之辞，终于学业有成。苏秦的成功，难道不能给我们以更多的启示吗？

宝剑锋从磨砺出，梅花香自苦寒来。真正能够成就大业的人，他们总是能够在逆境中坚守自己的志向和信念，使逆境成为自己成材的学校。只有那些在失意的时候仍有坚韧之志，面对挫折与困难仍百折不挠，仍奋勇前进、艰苦奋斗的人才能最终做出骄人的成绩。

意志坚忍，成就不凡

人生的使命，就是为了实现崇高的愿望，与困难作殊死的抗争。每个人都是在克服困难中努力实现人生的价值，那些因此而变得十分坚忍的人，无论他的前途多么渺茫，困难多么艰险，他总是能到达成功的彼岸。

下面是美国著名的功夫明星史泰龙，在成为耀眼的明星之前，曾经经历的无数次被人拒绝的故事。

史泰龙的父亲是一个赌徒，母亲是一个酒鬼。父亲赌输了，又打母亲又打他；母亲喝醉了也拿他出气发泄。在这样一个暴力家庭中，鼻青脸肿于他是家常便饭。可想而知，他学习也不好。他鄙视父母的行为，然而高中辍学后，百无聊赖的他在街头当起了阿混。20岁的时候，一件偶然的事刺激了他，他醒悟反思："不能，不能这样做。如果这样下去，岂不是和自己的父母一样吗？成为社会垃圾，带给别人、留下自己的都是痛苦——不行，我一定要成功！"

他的心豁然开朗，因为他决定要走一条与父母迥然不同的路，活出个人样来。但是做什么呢？他长时间思索着。从政，可能性几乎为零；进大企业去发展，学历和文凭是目前不可逾越的鸿沟；经商，没有本钱……他想到了当演员——当演员不需要文凭，更不需要本钱。但是他显然不具备演员的条件，长相就很难使人有信心，又没接受过任何专业训练，没有经验，也无"天赋"的迹象。然而，"一定要成"的驱动力，促使他认为，这是他今生今世唯一出头的机会，绝不

能放弃。

他来到好莱坞，找明星、找导演、找制片……找一切可能使他成为演员的人，处处哀求："给我一次机会吧，我要当演员，我一定能成功！"

他一次又一次被拒绝了，但他并不气馁，他知道，失败定有原因。每被拒绝一次，就认真反省、检讨、学习一次。一定要成功，痴心不改，又去找人……两年一晃过去了，钱花光了，他连房子都租不起，睡在车里，为了生存，他只能在好莱坞打工，做些粗重的零活。他暗自垂泪，甚至痛哭失声。难道真的没有希望了吗？难道赌徒、酒鬼的儿子就只能做赌徒、酒鬼吗？不行，我一定要成功！过去不等于未来！他想，既然不能直接成功，能否换一个方法？他想出了一个"迂回前进"的思路：先写剧本，待剧本被导演看中了，再要求当演员。

当时也不是没有人嘲笑他，然而他不相信自己没有这个能力。两年多的耳濡目染，每一次拒绝都是一次口传心授、一次学习、一次进步。因此，他已经具备了写电影剧本的基础知识。一年后，剧本写出来了，他又拿去遍访各位导演，"这个剧本怎么样，让我当男主角吧！"普遍的反映都是，剧本还可以，但让他当男主角，简直是天大的玩笑。他再一次被拒绝了。

剧本既然已经成功，那么就等于他已经向他的目标迈进了一大步。他不断对自己说："我一定要做一名成功的演员，也许下一次就行，再下一次、再下一次……"在他一共遭到1300多次拒绝后的一天，一个曾拒绝过他20多次的导演对他说："我不知道你能否演好，但我被你的精神所感动。我可以给你一次机会，但我要把你的剧本改成电视连续剧，同时，先只拍一集，就让你当男主角，看看效果再说。如果效果不好，你便从此断绝这个念头吧！"

这一刻，他多么激动，要知道，他已经作了3年多的准备，而今天，在经历了漫长的磨砺后，他终于可以一试身手了。机会来之不易，他不敢有丝毫懈怠，全身心投入。第一集电视剧创下了当时全美最高收视纪录——他成功了！

史泰龙的健身教练哥伦布医生曾这样评价过他："史泰龙每做一件事都百分之百投入。他的意志、恒心与持久力都是令人惊叹的。他是一个行动家，他从来不呆坐着让事情发生——他主动地令事情发生。"这就是他能成功的原因之一。

你能面对 1855 次的拒绝仍不放弃吗？史泰龙能，他做别人做不到的事，所以他能成功。只要你能做到坚忍，你也一定能。世界上没有失败，只有暂时的不成功，暂时的不成功是上帝的延迟并不是上帝的拒绝。史泰龙坚信这一点，因此屡扑屡起，最终成就不凡。

坚忍的磨砺存在于平凡的一时一事之间。当我们仰望那一座座在历史上高高矗立的巨人的丰碑时，常常禁不住热泪盈眶。那是坚忍的结晶，风吹雨打，雪压冰封，山崩地裂，沧海桑田，都永远无法改变他们那伟岸的身影。

心灵悄悄话

成功需要坚忍不拔的意志，很多人不乏智慧，不欠能力，然而面对渺茫的前途，有的人却胆怯了，无法忍受其间的痛苦折磨，最终不是半途而废就是一败涂地。而史泰龙的经历恰恰告诉我们，坚忍与智慧和能力同样重要。

第一篇　意志如山无坚不摧

23

坎坷人生，坚定信念

面临厄运时如果能够适当地变换思维的角度和方式，你将会得到另一种结果。要正确地认识厄运，还应该善于变换角度看待自己所面临的厄运。

譬如照相，同一景物，从不同角度拍摄，就会得到不同的效果，对待厄运也是这样。我们应当看到，偶然与不幸是生活的组成部分，但它仅仅是生活的一小部分。在我们的整个生活中，还有那么多欢乐和幸福的事情，我们为什么不去注意它们，而要对自己的一些创痛念念不忘呢？有的人在厄运袭来时，就觉得自己是天底下最倒霉的人。其实，事情并不完全是这样。也许你在某件事上是"倒霉"的，但你在其他方面可能依然很幸运。和那些更不幸者相比，你或许还是一个十分幸运的人。

英国作家萨克雷有句名言："生活是一面镜子，你对它笑，它就对你笑；你对它哭，它也对你哭。"的确，如果我们以欢悦的态度微笑着对待生活，生活就会对我们"笑"，我们就会感受到生活的温暖和愉快。而我们如果总是以一种痛苦的、悲哀的情绪注视生活，那么生活的整个基调在我们心中也就会变得灰暗了。

我们还可以这样认识顺境和逆境：人们固然乐于接受顺境，不欢迎逆境，但是，逆境也可以砥砺人生，增长人的才干，使人通过破除障碍和不良情绪而得到新的突破与发展，心理达到更高层次的平衡；而顺境，则也可能使人怀安丧志，一事无成。

中国古代有个故事，说的是公元前 657 年，晋国君主晋献公听信夫人骊姬谗言，逼死太子申生，逼公子重耳出逃在外。重耳立志回国继位，振兴家园。后来，他在齐国娶了妻子，又接受了齐桓公馈赠的 20 辆马车，感到很满足。其妻见状，痛心疾首，劝勉他："行也！怀与安，实败名！"意思是：您且行动吧，满足现状是会毁掉一个人的前途的！重耳从此振作起来，几年后夺回了王位。

根据这个故事，人们引申出"怀安丧志"这个成语，告诫人们：迷恋、苟安于享受，就会变成碌碌无为的庸人。

水可载舟，亦可覆舟。顺境和逆境，在一定条件下是会互相转化的。面临厄运时我们如果能够适当地变换思维的角度和方式，多从其他方面重新评价和审视所遭遇的挫折，也会有助于摆脱自己所处的困境。

大家都热爱自己的工作吗？工作累吗，感觉幸福吗？如果是自己的选择，如果真心喜欢自己的工作，那么再苦再累也是值得的。只要你愿意往正确的方向付出，只要你愿意坚持，总有一天会有属于自己的收获。

有这样一个家庭，家中生活拮据，尽管一家六口已经节俭至极，可父母微薄的工资也仅仅能够糊口，但他们却很乐观，时常鼓励儿女："孩子们，迎着困难走下去，我们总会有办法的。别忘了，我们还有那只玉镯呢。"那是爷爷奶奶唯一的遗产，孩子们没见过，但妈妈说那可是件价值连城的老古董呢，必须在万不得已的情况下才可以用。这给儿女们增添了不少信心：他们毕竟有个依靠。

每到月初，精打细算的母亲便把那叠不多的钱细心地分成一小叠一小叠：这是本月的水费，那是伙食费……最后只剩一两个可怜的钢镚儿。有一个月，母亲怎么分也不够用，因为最小的妹妹也要上学了。父母锁紧了眉头，这钱是如何都周转不过来了。一家人沉默不

朝如青丝暮成雪

语，姐姐打破了沉默，小声说："妈，卖掉那玉镯吧。"仍是一片沉默。只见父亲掏出自己的一份钱说："我戒烟吧。"母亲眼里透出了一片感激，接着，读大学的哥哥也退还了自己的一份："我明天就去找个兼职。"于是左减右删，他们还是保住了那生活的唯一依靠。

此后，这个家庭常遇到厄运，但父母总是说："没到万不得已的时候，绝不动用玉镯。"而兄妹们也不再为艰难的生活而恐惧，他们的心里和爸妈一样踏实而有信心：毕竟我们还有个玉镯呢。

直到哥哥姐姐出来工作后，他们才再也不用吞咽生活的苦水。母亲打开了那只"宝盒"。令他们万分惊讶的是，里面空无一物。儿女们霎时明白了爸妈的用心。多年来，鼓励他们闯过一个又一个难关的，不是那只价值连城的玉镯，而是父母那比玉镯更有价值地对生活充满信心、永不屈服的乐观与坚毅。

回首那段辛酸的生活，回味父母在困境中的乐观与不屈，这对几个孩子来说，它的价值是物质所不能衡量的。带着这种品质，他们将坚定地走在崎岖的人生道路上。

你要坚定自己的信念，不要动摇。就像挖水井，你首先必须找到你认为有水源的地方，然后坚持往下挖。如果水源离地面50米，你每次只挖到40米就放弃，而去找另一个地方再挖，那么，不管你付出多少汗水，都将会白费力气，最多是自欺欺人地告诉自己："我又多了一次失败的经验。"

心灵悄悄话

找到属于自己的工作的人们，面对工作上的困难，面对不顺，不要垂头丧气，不要轻言转换工作，再坚持一会儿，就会出现转机。

26

挫折是打不败信心的

一个人成功的前提是具有百折不挠的精神，要想着：即使屡战屡败，也永不言败，因为挫折是打不败信心的。

拿破仑·希尔就曾经对自己的员工这样说过："千万不要把失败的责任推给你的命运，要仔细研究失败。如果你失败了，那么继续学习吧！可能是你的修养或火候还不够的缘故。你要知道，世界上一辈子浑浑噩噩、碌碌无为者数不胜数。只有那些百折不挠、牢牢掌握住目标的人才真正具备了成功的基本要素。我的公司就需要这些为大目标而百折不挠的人。"

是啊，通向成功之路并非一帆风顺，有失才有得，没有承受失败考验的心理准备，闯不了多久就要走回头路了。要知道失败并不可怕，关键在于失败后怎么做。学会正确对待失败的态度，你才能在充满艰辛的征途中勇往直前。

当我们面对挫折时，首先需要控制自己的情感，最重要的是要转变意识，纠正心理错觉。在想不开时换个角度变一变，想开一点。为什么倒霉的事情可以发生在别人身上，而绝不该发生在你的生活中呢？毫无疑问，世界上有许多令人愉快的事情，也有许多令人烦恼的事，却没有一种神奇的力量只把好事给你，而不让坏事和你沾边，当然也没有一种神奇的力量把好坏不同的境遇完全合理地搭配，绝对平均地分给每个人。一个人如果能真正认识到自己遇到的不如意只不过

是生活的一部分，并且不以这些难题的存在与否作为衡量是否幸福的标准，那么他便是最聪明的，也是最幸福和最自由的人。

当然，人生之中的挫折大多是难以避免的，但很多人由于心态消极，在心理错觉中导致心理推移这一点上却是自寻烦恼。他们一旦陷入困境，不是怨天尤人，就是自我折磨，自暴自弃。这一切不良情绪只能为自己指示一条永远看不到光明的"死亡之路"。印度诗人泰戈尔说得好，我们错看了世界，却反过来说世界欺骗了我们。

如果你认为困境确实是生活的一部分，那么你在遇到它时沉住气，学会控制自己的情感，凭着勇敢、自信和积极的心态，乐观的情绪，就一定能走出困住自己的沼泽。

首先，你可以考虑自己所面临的压力是否马上能改变，可以改变的就努力去改变，一时无法改变的就要勇于去接受，要学会接受不可改变的事实。其次，你再想想，这件不如意的事坏到什么程度？想方设法避免事情变得更糟，避免处境更加恶化。再次，面对压力，分析原因，通过心理自救，即选择控制自己的情感，并依靠自己的努力争取别人的理解与支持，去寻求和创造转机，走出压力，并化压力为动力，走出困境。在这个过程中，最关键的问题就是自信主动，善于选择，保持心理的平衡。

在转变意识、纠正心理错觉的问题上，还要注意另一种心理错觉——倒霉的时候只想着倒霉的事，而没有看到自己的生活还有光明美好的一面。

人们常常就是这样，一旦遇到挫折和不幸就容易眼界狭窄，思维封闭，眼睛只是死死盯在自己所面对的问题上，结果把困境和不幸看得越来越严重，以致被抑郁、烦恼、悲哀或愤怒的不良情感压得抬不起头来。由于注意力高度集中在挫折与不幸上，思想和意识就会被一种渗透性的消极因素所左右，就会把自己的生活看成一连串的无穷无尽的绳结和乱麻，感觉到整个世界都被黑暗、阴谋、艰难和邪恶所笼罩……这么一来，那就只有发出懊恼和沮丧的哀叹了。

其实，这是含有严重的歪曲成分和夸大程度的消极意识和心理错觉。我们既不会万事如意，也不会一无所有；既不会完美无缺，也不会一无是处。如果你能随时随地地看到和想到自己生活中的光明一面和美好之处，同时意识到别人面临的难题、遭遇的困境甚至比自己的更严重，那你就能选择控制自己的情感，保持心理平衡，从某种烦恼和痛苦中解脱出来，并且有可能获得新生，会照样或更加自信愉快地生活。

　　因此，在坚持到底的过程中，绝不轻言放弃，但要学会暂时放手。也就是说，当你遇到重大的难题时，不要马上放弃，你可以先放下手中的工作，透透气，使自己的思维放松，当你重新回来面对原来的问题时，你就会惊奇地发现解决问题的答案会不请自来。适当地放松可以使你的头脑更加冷静，从而为力挽狂澜打下坚实的基础。

　　同时，千万不要幻想一朝成功的美事，因为那是不可能的，每个成功者的背后都有着无数次失败的惨痛经历。如果你是一个刚刚加入公司的新职员，你将面临的是一个全新的世界，这需要你的耐心和坚持，才能汲取经验，在反复的失败与总结中，才能不断地获得阶段性的成功。

心灵悄悄话

　　虽然说成功之后还是成功，失败却未必会招致失败。关键是你如何看待失败，是否会从失败中获得成功的动力与有用的东西。因为只要有信心，就不怕生活中的挫折！

韧性，勇于对抗挫折的能力

坚忍不拔的品性，应该是任何成大事者的必备条件。没有韧性的人，做事大多都是三分钟热度。没有"众里寻她千百度"的精神，又怎么会有"蓦然回首，那人却在灯火阑珊处"的收获？

韧性是一种勇于对抗挫折的能力。马克思主义哲学告诉我们，事物总是曲折发展的，任何事情都不可能永远一帆风顺，而是充满了失败与挫折。这其实正是成长进步的推动力。倘若没有挫折，只能证明我们的生活是安逸的，事业也是在原地踏步的。

面对挫折，我们需要有博大的胸怀、宽广的胸襟、伟大的气魄。要能够从全局看问题，而不在乎一时的得失。这种眼光的具备，也是以明确的人生目标和完备的人生计划为基础的。只有如此，才可以胸怀全局，懂得失败与挫折不可避免，只要自己身体力行，就不会对全局造成更坏的影响。看到了这一点，你才可能做到心胸坦荡，而不至于终日忧心忡忡、患得患失。

胸怀全局的最后底线，就是看得开，把该看开的东西看开了，也就没有什么好忧虑的了。

做人，要有韧性，要有通达的心态，胜之固喜，败亦欣然，这样才能平和地看待世间的人和事。

通达平和，并不代表不思进取。在避免人生走极端、钻牛角尖的前提下，做人最重要的就是一定要有斗志，一定要能吃苦。只是这种斗志，必须要保证不太露锋芒，锋芒太盛则易折，要用一种平和的精神与心态来保护才行。

韧性是一种能力，它更像一根弹簧，可以悄无声息地承受众多的苦难和挫折压制，一旦苦难过后，它仍可以还原成原来的样子，甚至弹得比原来更高。而伟大事业的根源正是来自这种坚韧不断的工作。

做人要有韧性和弹性。当你把吃苦、挫折看成是提高自己的最好途径与机会时，你才有可能通过这一关，人生也才能"百尺竿头，更进一步"。

第一篇 意志如山无坚不摧

坚守自我，不被舆论吓倒

如果把人生比作杠杆，信念则好像是它的"支点"，具备这个恰当的支点，才可能成为一个强而有力的人。巨大的成功靠的不是力量而是坚守。商业竞争常常是持久的竞争，有雄心的经营者往往能笑到最后，他们是笑得最好的胜利者。

美国南北战争时期，由于北方军队准备不足，前线的枪支弹药十分缺乏。在摩根的眼中，这是赚钱的好机会。

"到哪才能弄到武器呢？"摩根在宽大的办公室里，边踱步边沉思着。

"知道吗？摩根，听说在华盛顿陆军部的枪械库内，有一批报废的老式霍尔步枪，怎么样，买下来吗？大约5000支。"克查姆为摩根提供生财的消息。

"当然买！"这是天赐良机。5000支步枪！这对于北方军队来说是多么诱人的数字，自然会使摩根垂涎三尺。枪终于被山区义勇军司令弗莱蒙特少将买走了，56050美元的巨款也汇到了摩根的账下。

联邦政府为了稳定恶化的经济并为进一步购买武器，必须发行4亿美元的国债。在当时，数额这么大的国债，一般只有伦敦金融市场才能消化掉，但在南北战争中，英国支持南方，这样，这4亿元国债便很难在伦敦消化了。如果不能发行这4亿元债券，美国经济就会再一次恶化，不利于北方对南方的军事行动。当政府的代表问及摩根，是否有法解决时，摩根自信地回答："会有办法的。"摩根巧妙地与新闻界合作，宣传美国经济和战争的未来变化，并到各州演讲，让人民起来支持政府，购买国债是爱国行动。结果4亿美元的国债奇迹般地被消化了。当国债销售一空时，摩根也理所当然名正言顺地从政府手中拿到了一大笔酬金。

事情到这里还没有完，舆论界对于摩根，开始大肆吹捧。摩根成为美国的英雄，白宫也开始向他敞开大门，摩根以全胜者的姿态出现。

1871年，普法战争以法国的失败而告终。法国因此陷入一片混乱中。给德国50亿法郎的赔款，恢复崩溃的经济，这一切都需要有巨额资金来融通。法国政府要维持下去，就必须发行2.5亿法郎的巨债。摩根经过与法国总统密使谈判，决定承揽推销这批国债的重任。那么如何办好这件事呢？能不能把华尔街所有大银行联合起来，形成一个规模宏大、资财雄厚的国债承购组织——"辛迪加"！这样就把需要一个金融机构承担的风险分摊到众多的金融组织头上，无论在数额上，还是所冒的风险上都是可以被消化的。

当他把这种想法告诉克查姆时，克查姆大吃一惊，连忙惊呼："我的上帝！你不是要对华尔街的游戏规则与传统进行挑战吧？"克查姆说得一点也不错，摩根的这套想法从根本上开始动摇和背离了华尔街的规则与传统。而且是对当时伦敦金融中心和世界所有的交易所、投资银行的传统的背离与动摇。当时流行的规则与传统是：谁有机会，谁独吞；自己吞不下去的，也不让别人染指。各金融机构之间，信息阻隔，相互猜忌，互相敌视。即使迫于形势联合起来，各方为了自己的最大利益，联合也会像春天的天气，说变就变。各投资商都是见钱眼开的，为一己私利不择手段，不顾信誉，尔虞我诈。闹得整个金融界人人自危，提心吊胆，各国经济乌烟瘴气。当时人们称这种经营叫海盗式经营。而摩根的想法正是针对这一弊端的。各个金融机构联合起来，成为一个信息相互沟通、相互协调的稳定整体。对内，经营利益均沾；对外，以强大的财力为后盾，建立可靠的信誉。

其实摩根又何尝不知这些呢？但他仍坚持要克查姆把这个消息透漏出去。摩根凭借着过人的胆略和远见卓识看到：一场暴风雨是不可避免的，但事情不会像克查姆想象得那么糟，机会会到来的。如摩根所预料的那样，消息一传出，立刻如在平静的水面投下一颗重磅炸弹，引起一阵轩然大波。"他太胆大包天了！""金融界的疯子！"摩根一下子被卷入舆论争论的漩涡中心，成为众目所视的焦点人物。

摩根并没有被这种阵势吓倒，反而越来越镇定，因为他已想到这正是他所预期的，机会女神正向他走来。在摩根周围，反对派与拥护者开始聚集，他们之间争得面红耳赤。而摩根却缄口不言，静待机会的成熟。《伦敦经济报》对此猛烈抨击道："法国政府的国家公债由匹保提的接班人——发迹于美国的投资家承购。为了消化这些国债想出了所谓联合募购的方法，承购者声称此种方式能将以往集中于某家大投资者个人的风险，透过参与联合募购的多数投资金融家而分散给一般大众。乍看之下，危险性似乎因分散而减低。但若一旦发生经济恐慌，其引起的不良反应将犹如排山倒海般快速扩张，反而增加了投资的危险性。"而摩根的拥护者则大声呼吁："旧的金融规则，只能助长经济投机，这将非常有害于国民经济的发展，我们需要信誉。投资业是靠光明正大获取利润，而不是靠坑蒙拐骗。"随着争论的逐步加深，华尔街的投资业也开始受到这一争论的影响，每个人都感到华尔街前途未卜，都不敢轻举妄动。

舆论真是一个奇妙的东西，每个人都会在它的脚下动摇。软弱者在舆论面前，会对自己产生疑问，而只有强者才是舆论的主人，舆论是强者的声音。在人人都感到华尔街前途未卜，在人人都感到华尔街不再需要喧闹时，华尔街的人们开始退却。"现在华尔街需要的是安静，无论什么规则。"这时，人们把平息这场争论的希望寄托于摩根，也就是在此时，人们不知不觉地把华尔街的指挥棒交给了摩根。摩根再次被机会女神青睐了。摩根的战略思想，敏锐的洞察力、决断力，都是超乎寻常的。他能在山雨欲来风满楼的情形下，表现得泰然自若，最终取得胜利。这一切都表明，他的胜利是一个强者的胜利，而不仅仅是利用舆论的胜利。

摩根作为开创华尔街新纪元的金融巨子，一生都在追求金钱中度过，他赚的钱不下百亿，但他的遗产只有1700万美元。

摩根从投机起家，却对投机深恶痛绝，并因此成功地针对华尔街的这一弊端加以改造，创造了符合时代精神的经营管理体制。他为聚敛财富而不择手段，而他却又敬重并提拔待人忠诚的人。

摩根在他将度过76岁生日时逝去，他成功的经营战略，至今仍影响着华尔街。

做大生意的人，总是在舆论之前发现致富的秘诀，开始会为外界所疑惑，甚至遭到舆论的攻击。但是他们沉着面对，坚守自己的想法，因为大部分还没有看到隐藏的机遇，而走在别人的前面，就比他人更靠近财富一点。尘埃落定之后，人们常常惊叹他们的先见之明。却不知这先见之明来源于见识的广远和对自我的坚守，即使绝大多数的人反对也不会改变。

心灵悄悄话

坚守自我，不要被眼前的舆论所吓倒。成功者在遭到各界舆论的攻击时，只会泰然自若，无所畏惧！他们不会改变自己原先的想法，只会坚守下去！

第一篇 意志如山无坚不摧

意志坚强的人能够实现梦想

意志坚强的人，就像那海中的灯塔，尽管海浪阵阵拍打，海风呼啸怒号，都无法让它熄灭，而那些意志薄弱的人，则如水上的浮萍，一旦有微风吹过，就会随水而动，漫无目的地飘零，永远也没有成功的机会。

任何一个人的成功都不是想当然的。当他们有了自己明确的目标时，永不停歇的精神永远都是他们向成功迈进的不竭动力。

美国北纽约州小镇上有一个叫露茜丽·鲍尔的女人，她小时候的梦想是成为最著名的演员。18岁时，她在一家舞蹈学校学习了三个月的舞蹈之后，她母亲收到了学校的来信，信上说："众所周知，我校曾经培养出许多在美国甚至在全世界著名的演员，但是我们从没见过哪个学生的天赋和才能比你的女儿还差，她不再是我校的学生了。"

这无疑是一个很糟糕的消息。被退学后的两年，她一边干零活一边参加排练。但不幸的是，两年以后她得了肺炎。住院三周以后，医生告诉她，她的双腿已经开始萎缩了，她以后可能再也不能行走了。于是，她只好回家休养。但她相信自己有一天一定能够重新走路，所以，她忍着常人难以忍受的痛苦练习走路，结果，她又可以重新站起来走路了。在这个漫长的过程中，她一直都没有放弃自己的梦想，总是一点一滴地做着努力。

当她40岁的时候，她终于获得了一次机会扮演一个电视角色。就是这个角色让她所有的努力一下子成为现实。她的努力在那一瞬间发生了质变——她凿穿了自己一直都在凿着的坚硬的岩石。

所有的优秀成果的取得都不会是一帆风顺的。失败和挫折永远都会是我们成功路上的试金石。十年铸剑的功夫人人都可以想到，但不等于人人都可以做到。所以，铸剑师很多，但能够坚持十年铸一剑的铸剑师却很少。

心灵悄悄话

意志坚强的人不会被周围的事物所干扰，他们无坚不摧，而这样的人也必定能实现自己心中的梦想或目标。

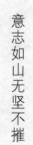

第一篇 意志如山无坚不摧

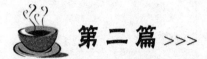

第二篇 >>>

坚持到底就是胜利

　　坚持到底就是胜利!有的人成功,就因为他比别人多坚持了一下;而另一些人失败,则是因为他们没能坚持到最后。在通向成功之巅的攀登过程中,我们必须记住:梯子上的每一级横梁放在那儿是让我们搁脚的,是让我们向更高处前进的,而不是用来让我们休息的。

　　人生如梦,梦如戏,笑看人生,古往今来多少事,一切尽在笑谈中。做到真正的内心平和,便充满了大爱和大智慧。人类真正的解放,就在于解放自己的内心。

坚持到底就是胜利

成功者之所以能成功，其中一点就是他们能够持之以恒，只要认准一个目标，就不会再放弃。他们知道，只要是对的，就得一直走下去，只有这样，胜利的曙光才会光临。

王永庆创业时才16岁。他借了200元开了一家小米店，可当时，各家米店都有各自的固定顾客，一般百姓也多去自己熟识的米店买米。王永庆的米自然难以在米市中立足，开展业务十分困难，但他并不气馁。为了打开销路，他将米中杂物、沙粒捡得干干净净，且不辞辛劳挨家挨户去推销，有时还冒雨将米送到顾客家里，他总是想尽办法满足顾客的要求，甚至比顾客考虑得还周到。他给顾客送米时总是主动地把顾客米缸中原来的米先取出来，再放新米，然后再把陈米放在新米上，以便顾客吃完陈米后再吃新米。

后来王永庆又成立了台湾塑胶工业股份有限公司。公司创立之初，一个化工专家预言王永庆难逃破产的命运。但王永庆并不放弃，仍义无反顾地走自己认准的路，不幸的是事态的发展应验了那个预言，一个又一个难关横在他的面前，台塑公司生产出来的聚氯乙烯在市场上无人问津。原来，这是对台湾石化塑料工业发展估计过高所致。面对这种困境，一些股东心灰意冷，纷纷退股，台塑刚建不久就陷入绝境。这时王永庆依然没有退缩，他决心迎接命运挑战。通过调查分析，发现产品之所以卖不出去是因为缺乏竞争力，价钱过高，并不是市场出现饱和。

于是，他作出决定，卖掉了自己所有的产业，买下了台塑所有股权，并决定独自经营。他重新规划发展蓝图，决定采取两项措施背水一战。第一项措施是为提高竞价能力，同时为保证产品质量，他投资70万美元更新设备。出乎意料的是他所采取的措施不仅没减产而且产量大增，产品质量提高了，售价却降低了。第二项措施是开发塑胶加工工业，兴建工厂，利用台塑的聚氯乙烯为原料加工制造各种塑胶产品。这不仅能够消化台塑的产品，还可以用塑胶成品赚取更多的利润。

由于采取上述两项措施，王永庆摆脱了困境，打开了市场，使企业起死回生，成为世界上最大的塑胶企业，并被称为"世界塑胶大王"，成为世界上最富有的人之一。

任何成功的取得都是需要积累的，有经验的积累，也有时间的积累，所以我们不要轻言放弃，没有生活与时间的点滴积累和打磨，就无法获得经验和成功。

参观过开罗博物馆的人，都会为那些从图坦卡蒙法老墓中挖出的宝藏叹为观止。那些大理石容器、黄金珠宝饰品、战车和象牙等巧夺天工的工艺品至今仍无人能及。可又有谁知道，如果不是霍华德·卡特当时决定再多挖一天，多打一锤，这些不可思议的宝藏今天也许仍埋在地下，不知何时才有重见天日的机会。

1922年的冬天，卡特几乎放弃了可以找到法老坟墓的希望，他的赞助者也即将取消资助。卡特在自传中写道："这将是我们待在山谷中的最后一季，我们已经挖掘了整整六季了，春去秋来毫无所获。我们一鼓作气工作了好几个月却什么也没有发现，只有挖掘者才能体会到这种彻底的绝望，我们几乎已经认定自己被打败了，正准备离开山谷到别的地方去碰碰运气。然而，要不是我那最后的一锤，我们永远也不会发现这些超出我们梦想所及的宝藏。"

卡特最后一锤的努力成了全世界的头条新闻，这一锤使他发现了近代唯一完整出土的法老坟墓。

我们要知道的是：有一种失败，不是因为走的路太少，而是因为已经走了99步，却在第100步的时候放弃了，这是一种最为愚昧、最为可惜的放弃。若总是过早地放弃一切，就等于放弃了一生的成功。

其实，最浪费时间的一件事就是过早放弃。人们经常在做了99%的工作后，放弃了最后那1%的可以让他们成功的"最后一锤"。不但输掉了开始的投资，更丧失了经由最后的努力而发现"宝藏"的惊喜。

很多时候，人们会学习新的技艺、开始一个新的工作，然后就在成果显现之前失望地放弃。通常，接触任何新工作都会经历自己懂得比周围人少的困难阶段。刚开始每件事情都要学习和了解，过了一段时间后，最初有压力的工作就会变得轻而易举了。可人们一生中的许多事情，是在跨过乏味与喜悦、挣扎与成功的重要关卡之前就放弃了。

任何一个成功都是经过艰苦卓绝的努力和冲破失败的阴影才能获得的，所以，在完成一件艰巨的工作的时候，面对困难，一定不要轻言放弃。不放弃，就能面对追求过程中更多的磨难；不放弃，就能让人看见在风中游舞的春光；不放弃，就有希望把握住每一天。

第二篇 坚持到底就是胜利

做事要有恒心和毅力

"做事要有恒心和毅力"，这是一句千古不变的至理名言。无可否认，人们渴望成功，眼睛紧紧盯着潮流和热点，唯恐落伍。当发现自己的领域难以出人头地，或者发现更有前途的行当时，就会毫不犹豫地"跳槽""转行"，抛弃自己数年甚至数十年的事业，到新的领域寻找成功的机会。于是，知识分子下海成为儒商，机关干部辞职干个体等，然而很多人都咀嚼着半途而废的痛苦。对于那些拒绝停止战斗的人来说，他们永远都有胜利的可能。

如果你发现自己所处的形势似乎与胜利无缘，那么，你可以发展一些对自己有利的行动。如果正面的攻击无法攻占目标，那么，试试看从侧面进攻，生命中很少有解决不了的难题。

成功会带来成功，失败亦会接连不断。物理上，异性相吸，而同性相斥，但人类彼此的关系则恰好相反。消极的人只会与消极的人在一起，积极的心态吸引具有类似想法的人。你也会发现，当你成功以后，其他的成就也会不断来到，这就是叠加的道理。

自信源于过去的成功经验，成功的过程中会遇到许多艰难、困苦与挫折失败，战胜它们的基本法则就是心理上先做好准备。要有敏锐的目光，看清成功背后的景象；要有持续的毅力，坚持到困难向你退缩；要有勇气有行动，当发现困苦的弱点后，就不失时机地给它致命一击。

当事情愈来愈困难，大多数人都会选择放手离开，只有意志坚定的人，除非胜利，绝不肯轻言放弃。

希拉斯·菲尔德先生退休时已经积攒了一大笔钱，然而，这时他又突发奇想，想在大西洋的海底铺设一条连接欧洲和美国的电缆。

随后，他就全身心地开始推动这项事业。前期基础性工作包括建造一条1000英里长（1英里约合1.6千米），从纽约到加拿大纽芬兰圣约翰斯的电报线路。纽芬兰400英里长的电缆线路要从人迹罕至的森林中穿过，所以，要完成这项工作不仅需建一条电报线路，还包括建同样长的一条公路。此外，还包括穿越布雷顿角全岛共440英里长的线路，再加上铺设跨越圣劳伦斯湾的电缆，整个工程十分浩大。

菲尔德使尽浑身解数，总算从英国政府那里得到了资助。然而，他的方案在议会上遭到强烈的反对。随后，菲尔德的铺设工作就开始了。电缆一头搁在停泊于塞巴托波尔港的英国旗舰"阿伽门农"号上，另一头放在美国海军新造的豪华护卫舰"尼亚加拉"号上。不过，就在电缆铺设到5英里的时候，它突然卷到了机器里面，被弄断了。

菲亦德不灰心，进行了第二次试验。在这次试验中，在铺到200英里长的时候，电流突然中断了，船上的人们在船板上焦急地踱来踱去，好像死神就要降临一样，就在菲尔德先生即将命令割断电缆、放弃这次试验时，电流突然又神奇地出现了，一如它神奇地消失一样。夜间，船以每小时4英里的速度缓缓航行，电缆的铺设也以每小时4英里的速度进行。这时，轮船突然发生一次严重倾斜，制动器紧急制动，不巧又割断了电缆。

但菲尔德并不是一个容易放弃的人。他又订购了700英里的电缆，而且，还聘请了一个专家，请他设计一台更好的机器，以完成这项艰巨的铺设任务。后来，英美两国的发明天才联手，才把机器赶制出来。最终，两艘船继续航行，一艘驶向爱尔兰，另一艘驶向纽芬兰。两船分开不到13英里，电缆又断开了。再次接上后，两船继续航行，到了相隔8英里的时候，电流又没有了。电缆第三次接上后，

铺了 200 英里，在距离"阿伽门农"号 20 英尺（约 6 米）处又断开了，两艘船最后不得不返回爱尔兰海岸。

很多参与此事的人都泄气了，公众舆论也对此流露出怀疑的态度，投资者也对这一项目没有了信心，不愿再投资。这时候，如果不是菲尔德先生具有百折不挠的精神和天才的说服力，这一项目很可能就此搁浅了。菲尔德继续为此日夜操劳，甚至到了废寝忘食的地步，他绝不甘心失败。于是，第四次尝试又开始了。这次总算一切顺利，全部电缆铺设完毕，而没有任何中断，铺设的消息也通过这条漫长的海底电缆发送了出去，一切似乎就要大功告成了，但突然电流又中断了。

好一个菲尔德，所有这一切困难都没吓倒他。他又组建了一个新公司，继续从事这项工作，而且，制造出了一种性能远优于普通电缆的新型电缆。1866 年 7 月 13 日，新一次试验又开始了，并顺利接通、发出了第一份横跨大西洋的电报！电报内容是："7 月 27 日，我们晚上 9 点到达目的地，一切顺利。感谢上帝！电缆都铺好了，运行完全正常。希拉斯·菲尔德。"

由此可见，成功更多依赖的是人的恒心与忍耐力，而不仅仅是他的天赋或朋友的支持，以及各种有利条件的配合。最终，天才的力量总比不上勤奋工作、含辛茹苦的力量。才华固然是我们所渴望的，但恒心与忍耐力更让我们感动。

心灵悄悄话

世界上许多名人的成功，都来自千辛万苦、持之以恒的努力，只有这样，你才会渐渐接近辉煌。稍有困难便更改航向，或经不起外界的诱惑，恐怕会永远远离成功。

成功就差那么一小步

成功是没有捷径的，如果非要说有捷径的话，那么它唯一的捷径就是坚持到底。坚持到底是获得成功最简单、最有效的捷径。只要认准一个方向，你就收起所有的心思，一直往前走，不要回头，也不要左顾右盼，大胆地相信你自己，你一定会走到目的地。

古时候，有两个人去挖井。第一个人非常聪明，他在选址的时候，挑了一个比较容易挖出水来的地方；相比之下，第二个人就比较愚笨，不知道根据地质来判定，随便选了一个地方，而这个地方是很难挖出水来的。

第一个人看到第二个人所选的地方，心里暗自嘲笑，便冒出一个想法，想占第二个人的便宜，于是虚情假意地说："我们来打个赌吧。比比看，谁先挖出水来谁就是赢家。输家要请赢家到附近最好的酒馆去喝酒。怎么样，敢不敢试一试？"

第二个人想了想，觉得打个赌挖起来更有动力，于是就答应了。

第一个人自以为必胜无疑，于是边干边玩，挖一天的井，要休息两天。第二个人则很沉着，他一锹接一锹地挖，一天也不停歇。

第一个人看到第二个人挖到那么深还没出水，就嘲笑他说："我看你还是别费力气了。你永远也挖不出水来的。"

第二个人没有理他，继续挖自己的井。

这时，第一个人开始对自己选的地方产生了怀疑："怎么挖了这么久。还没有水呢？我看还是再选个更浅的地方吧！"于是他重新选

了一个更容易挖出水来的地方，并洋洋得意地说："这下保准能挖出水来。"可是没挖几天，他又开始怀疑了，怎么还不见水？是不是选错了地址？于是，他又换了一个地方挖。就这样，换来换去的，始终没有挖出水来，每次都是挖到距离水只有一尺的地方就放弃了。

再看第二个人，他挖的深度比第一个人挖的所有的深度加起来还要深。最终，功夫不负有心人，他还是挖出水来了。

冰冻三尺，非一日之寒，挖井也是同样的道理。第一个人的确很聪明，每次选的地方都比上一次更容易挖出水来，而关键就是他没有坚持，如果他再努力地挖几下，肯定能挖出水来。

"水滴石穿，绳锯木断"，为什么轻柔的水滴能把石头滴穿？柔软的绳子能把粗硬的木头锯断？说透了，就是坚持。一滴水的力量是很微小的，然而只要一滴一滴坚持不断地撞击石头，那么最微小的力量也是最巨大的力量，最终会把石头滴穿的。成功之前难免有失败，然而只要能克服困难，坚持不懈地努力，那么成功就在眼前。

商纣王时期，昏君当道，很多有识之士冤死在狱中。

有一天，又有两个囚犯被关进了地牢里，他们是一对父子，据说是周武王的臣下。

儿子和很多囚犯一样，一进牢房就完全绝望了。进了这里，就等于下了地狱，以往被关进来的犯人是没有哪个能活着走出去的。

父亲安慰儿子不要灰心，总会有办法的，一定还有希望的。

有一天，父亲半夜被冻醒，隐隐约约听到有水流的声音。仔细一听，确实是水流的声音。白天之所以听不见是因为白天过于吵闹。这个重大的发现让父亲暗自窃喜，更让他震惊的是，水就是在他们这间牢房下发出的声音。所以，如果从牢房的泥墙一直往外面打洞，就有机会逃出地牢。父亲按捺不住心中的喜悦，就把儿子叫醒，告诉了儿子这个惊人的发现。

儿子摇头道："这怎么可能呢！现在我们什么都没有，到处都有狱卒在查房，成功的概率差不多等于零。"

父亲鼓励儿子说："没有什么不可能的！与其坐在这里等死，还不如为自己争取一线生机。我们每天挖开一点，总有一天会挖出一条暗道出来。"

见父亲如此坚决。儿子就依了父亲。

于是父子俩就在放风的时刻寻找一切可以用来挖土的工具。他们找来锋利的石头和木棍，更幸运的是还找到一根半截的长矛，从而增添了他们逃出去的信心和勇气。

白天，父子俩和其他的囚犯一样规规矩矩待在囚房里。晚上，他们就开始了秘密行动。这个计划太危险了，父子俩轮流行动，其中一个人作掩护，在一个人挖墙的时候，另一个人故意弄出很响的呼噜声。就这样过了好几年。有时候，儿子都要坚持不住了，父亲总会鼓励他，为他描绘外面的美好生活。

十年后，父子俩终于打通了暗道，在一个风雨交加的夜晚，父子俩成功地逃出了监狱。之后，武王特地大摆宴席接待了这对父子。一年后，武王伐纣，父子俩立下了汗马功劳。

数十年如一日，这的确不是常人所能忍受的，但是"世上无难事，只怕有心人"，这句话在这对顽强的父子身上得到了最好的验证。

第二篇 坚持到底就是胜利

IBM 中华首席执行总裁周伟说："坚持很重要，每一个时期都会有一些困难，早期你不坚持就有可能放弃。你的职位越高，你的坚持、执着就越为重要。"56 岁的周伟曾被业界誉为"预测大师"，但很少有人能够准确地预测出 IBM 及周伟下一步究竟要做什么。如今，任 IBM 大中华区董事长兼首席执行官的周伟，已经成为其他执行总裁们效仿的楷模，他的重服务型经营模式成了计算机行业重点学习的对象。

——朝如青丝暮成雪

愚公移山、精卫填海的故事我们读过不止一遍，许许多多的故事告诉我们：不管做什么事，如果不坚持到底，半途而废，那么再简单的事情也会功亏一篑；相反，只要抱着坚持不懈的精神，再难办的事情也会显得很容易。

当然，并不是所有的坚持都会取得好结果。也有很多时候，我们做一件事，虽然尽了最大的努力，没有一丝一毫的松懈，但迎来的却仍是失败。这时，千万不要懊悔。因为只要努力去做好应做的事，只要尽了自己最大的努力，那么即使失败，我们也是强者。

心灵悄悄话

如果一个人能在行动中坚定不移、坚持不懈地克服一切困难和障碍，坚决完成既定的目标和任务，并且坚持到底，那么就一定能够取得成功。

成功的秘诀只有一条

在通向成功的路上并没有捷径可寻，唯有坚持不懈的精神才是成功的秘诀。

孟乔波14岁时在湖南益阳一个名叫衡龙桥的小镇卖茶，一毛钱一杯。茶水盛放在一个个透明的杯子里，上面盖块方方正正的小玻璃片遮挡灰尘。镇上的农贸市场人来人往，孟乔波的茶水小摊就设在市场旁边。因为她的茶杯比别人大一号，所以卖得最欢。没有人清楚1毛钱一杯的茶水一天下来孟乔波究竟能有多少收成，大家看到的只是孟乔波总在欢欢喜喜地忙碌着。

到了17岁那年，原来的同行要么嫌卖茶收入太低而早早鸣金收兵，要么赚点钱赶紧转行另谋出路。唯有孟乔波还在卖茶，只是，孟乔波不再在小镇上卖茶，而是把摊点搬到了益阳市里；不再卖最简单地从大茶壶里倒出的茶水，而改卖当地特有的"擂茶"。擂茶制作起来很麻烦，但也卖得上价，小杯3元，大杯5元，而不管大杯小杯，孟乔波的杯子又比旁人的都要"胖"了一圈。所以，孟乔波的小生意又是忙忙碌碌。

几年之后，孟乔波把茶卖到了省城长沙，摊点也变成了小店面。屋子中央摆一根雕茶几，客人进门，必泡上热乎乎的茶请你品尝。客人尽情享受之后出门时，或多或少会掏钱再拎上一两袋茶叶。

不知我们中间有几人能把一杯茶水坚持卖10年之久？何况在如今风起云涌的商界，总是不时冒出各种各样快速致富的神话。但孟乔波做到了，长达10年的光阴中，孟乔波始终在茶叶与茶水间打滚。不过，

第二篇　坚持到底就是胜利

51

自警

——朝如青丝暮成雪

现在孟乔波已经拥有 37 家茶庄，遍布于长沙、西安、深圳、上海等地。福建安溪、浙江杭州的茶商们一提起孟乔波的名字，莫不竖起大拇指。1997 年，当时孟乔波 24 岁，正是一个女人最美丽而成熟的年龄。事业有成而天生丽质的孟乔波，甜美的笑容在一本知名财经刊物的封面上格外灿烂地绽放，在照片的下面有行文字：我的成功没有秘诀，只不过是一条道走到底。

的确，成功的秘诀只有一条，那就是坚持到底！

每个人都应耐心追逐成功，你会因此而品尝到成功的果实。要想获得成功，就需要以坚持不懈的精神努力拼搏，相信幸运女神终将看到你的努力，助你走向人生的顶峰。

一位著名的推销大师即将告别他的推销生涯，应邀在该城中最大的体育馆做告别职业生涯的演说。那天，会场座无虚席，人们在热切地、焦急地等待着那位当代最伟大的推销员做精彩的演讲。当大幕徐徐拉开，舞台的正中央吊着一个巨大的铁球。为了这个铁球，台上搭起了高大的铁架。

一位老者在人们热烈的掌声中走了出来，站在铁架的一边。他穿着一件红色的运动服，脚下是一双白色胶鞋。人们惊奇地望着他，不知道他要做出什么举动。这时，两位工作人员抬着一个大铁锤，放在老者的面前。主持人这时对观众讲：请两位身体强壮的人到台上来。好多年轻人站起来，但已有两名动作快的跑到了台上。

老人告诉他们游戏规则，请他们用这个大铁锤，去敲打那个吊着的铁球，直到把它荡起来。一个年轻人抢着拿起铁锤，拉开架势，抡起大锤，全力向那吊着的铁球砸去，一声震耳的响声，吊球动也没动。他接着用大铁锤接二连三地砸向吊球，很快他就气喘吁吁。另一个人也不示弱，接过大铁锤把吊球打得叮当响，可是铁球仍旧一动不动。台下逐渐没了呐喊声，观众好像认定那是没用的，就等着老人作出解释。

会场恢复了平静，老人从上衣口袋里掏出一个小铁锤，然后认真地面对着那个巨大的铁球敲打起来。他用小锤对着铁球"咚"地敲一下，然后停顿一下，再一次用小锤"咚"地敲一下。人们奇怪地看着，老人就那样"咚"地敲一下，然后停顿一下，就这样持续地敲着。

10分钟过去了，20分钟过去了，会场早已开始骚动，有的人干脆叫骂起来，人们用各种声音和动作发泄着他们的不满。老人仍然敲一小锤停一下地工作着，他好像根本没有听见人们在喊叫什么。人们开始愤然离去，会场上出现了大片的空缺。留下来的人们好像也喊累了，会场渐渐地安静了下来。

大概在老人敲打了40分钟的时候，坐在前面的一个人突然尖叫一声："球动了！"刹那间会场鸦雀无声，人们聚精会神地看着那个铁球。那球以很小的幅度动了起来，不仔细看很难察觉。老人仍旧一小锤一小锤地敲着，吊球在老人一锤一锤的敲打中越荡越高，它拉动着那个铁架子"哐哐"作响，它的巨大威力强烈地震撼着在场的每一个人。终于场上爆发出一阵阵热烈的掌声，在掌声中老人转过身来，慢慢地把那把小锤揣进兜里。

在通往成功的路上，只有坚持不懈、持之以恒，才能最终实现目标。

心灵悄悄话

缺少耐心、半途而废的人很难成功，他们总是在打听成功的秘诀，想走捷径，殊不知通往成功之路根本没有捷径，唯一的秘诀就是坚持不懈的精神！

第二篇　坚持到底就是胜利

自警

——朝如青丝暮成雪

坚持住，生活就会有转机

生活中没有什么是一成不变的，再糟糕的厄运都不可能持续太久。不幸的日子总有尽头，痛苦的时光总会过去，坚持自己的选择，坚信自己的意志。特别是在身心俱疲时，一定要告诉自己：坚持就是胜利。只要有一线希望，都要坚持住。这样生活才会有转机。

《简·爱》的作者曾意味深长地说："人活着就是为了含辛茹苦。人的一生肯定会有各种各样的压力，于是内心总经受着煎熬，但这才是真实的人生。"

泛华集团的董事长和首席执行官潘杰客，出生在一个高级知识分子家庭。1989年，他跨出国门，到了美国去体验生活。他有一个梦想：邀请中国最杰出的艺术家到纽约世界艺术殿堂卡内基音乐厅去演出，让美国和世界感受东方艺术精华。其实这样的梦有许多人想过，做过，但没有人做成功。"没有人做成的我来做。"抱定这个梦想。他开始行动了。

潘杰客为此"上蹿下跳"，几乎使出了浑身解数。他先用了一个多月时间说服了一位企业家投资，然后又冲破阻碍，在中美之间来往穿梭，进行疏通。

两个多月后，投资者看到项目仍然没有进展，就决定撤资了，潘杰客团队一看希望渺茫，也纷纷撤伙了，潘杰客成了光杆司令。身边的人纷纷离他而去，眼前面临的是，演出就要泡汤了。潘杰客说："这是我一辈子经历得最惨的局面。"

54

记得有一天，他孤独地守坐于房间，反复对自己说："你是唯一对这件事有兴趣的人，如果你撤了，这事情就彻底失败了，如果你能坚持一下，这件事情还有一线希望。"潘杰客事后回忆说，那时真的连跳楼的心都有。最后他告诫自己："你一定要挺住，挺住了就能看见希望。"

潘杰客终于站了起来，他重新把投资者拉了回来，又冒着风险向媒体宣布：演出将如期举行，让媒体为演出造势。其实，那个时候演员的签证还没拿到。

同时，潘杰客迅速飞回中国北京邀请演员。很快在一周内，与被邀请的毛阿敏、刘欢等中国顶级艺术家们达成了一项几乎不可能的协议：所有艺术家将免费演出。

1994年1月28日，来自中国的演出终于在纽约卡内基音乐厅如期举行。中国优秀艺术家们首次登上了这座世界著名的神圣艺术殿堂。现场座无虚席，观众中还有特邀的20多个国家的大使和200多位外交官员。

在满堂观众雷鸣般的掌声中，潘杰客陶醉了！那一刻，他知道，他的梦想成功实现了！当初差点儿都要自杀的潘杰客，在掌声中验证了自己的成功。这掌声是怎么来的呢？就是坚持来的！

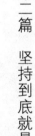

古往今来，没有经历过风雨的人有几个可以成功？有几个成了伟人？文王拘而演《周易》；仲尼厄而作《春秋》；屈原放逐，乃赋《离骚》；左丘失明，厥有《国语》；孙子膑脚，《兵法》修列；不韦迁蜀，世传《吕览》；韩非囚秦，《说难》《孤愤》；《诗》三百篇，大抵圣贤发愤之所为作也。他们的成就无一不是浸透了血汗和泪水才取得的。

所以，坚持，是人生最艰难也是最需要勇气的选择。如果我们选择了，我们的坚持就将是对自己人生的一份承诺、一份期许、一份责任。就意味着我们要做一个经得起考验的人，一个有毅力，并最终可以成功的人。

当我们迈出了第一步的时候，我们就不要再让自己有动摇的余地，

自 警

朝如青丝暮成雪

就要一步步地靠近自己的目标。如果我们中途经历了多次的失败，那就对失败的原因做一个最客观的总结，跨越临界点，一直等到水滴石穿的那一天。

 灵悄悄话

　　古人说："有志者立长志，无志者常立志。"说的也就是坚持。坚持的可贵在于精神，而不在于结果。坚持不懈、永不言败的心态对行动的影响才是决定成败的关键。

只要坚持，最后就能胜利

每个人都有一个伟大的梦想，每个人都有一个明确的目标，并且每个人都愿意为此付出行动。当其准备好一切，下定决心要去实现自己的理想与目标时，就意味着他要承受更多的困难和险阻。但不管路途多么艰难，都不要轻易放弃，一定要坚持，只要坚持下去就一定会成功。

放弃就意味着失败。在这样一个竞争激烈的社会里，没有人在意你付出多少，没有人关注你是多么艰难。人们看到的只有结果，也只有结果才能证明一切。你的志向，你的承诺，你的能力，只能通过结果来展现给大家。

当你想做一件事时，仅仅需要一个理由；而当你决定放弃做一件事时，会找出一百个借口。要知道成功是没有任何借口的，选择了借口就意味着选择失败。

抓捕凶犯也许算不上什么惊天动地的伟大壮举。因为这种事每天都在发生。但是，如果为了抓捕一个杀人犯，花去一个人 52 年的宝贵时光，而且这期间为了查找线索，他行程几万公里，翻阅了累积起来有十几米高的档案资料，打了近 30 万个电话……如此一来，情况就大不一样了。他在创造一个普通人所不能的奇迹。当耐心成为时间的主宰时，时间就会在你的思考中自动消失，而成功也会自动向你靠拢。

数十年前，在法国马赛曾发生一起残忍的强奸杀人案，被害者是一个 6 岁女童。多梅尔警官在现场看到被害人埃梅的惨状时，痛心不已，发誓一定要亲手捉拿到这个禽兽不如的凶犯。

自警

为了缉捕罪犯，多梅尔查了十几米高的文件和档案，走遍了四大洲，打了近30万个电话，行程几万公里。几十年来他将所有心思都放在了追捕凶犯上，结果两任妻子都离他而去。但他仍始终如一，经过52年漫长的追捕，终于将罪犯捉拿归案。当他用手铐铐住罪犯时，已经是73岁了。他满足地说："小埃梅终于可以瞑目了，我也可以退休了。"

在接受采访时，记者问他："你觉得这样值得吗？52年漫长岁月所付出的代价？"多梅尔回答说："当然，我随时都可以放弃。但这样就会给罪犯提供更多犯罪的机会，也会有更多的惨案发生。我坚持到底的目的，就是让那些歹徒们明白：法网恢恢，疏而不漏，即使你躲藏了100年，最终仍逃不脱法律的制裁。"他笑了笑说，"这也是我的个人信念。"

多梅尔的信念是："时间创造成功"。而且，在他的思想里，绝不认为52年破一个案子是一种浪费。正好相反，这种锲而不舍、永不放弃的精神，反而会让更多的歹徒感到十分恐惧。

"52年破获一起凶杀案"具有不可估量的威慑力。其实，命运掌握在自己手里，你想成为什么样的人就可以成为什么样的人。我们经常说："没有做不到，只有想不到，想到就能做到。"人的潜力是无穷的，只要你愿意去开发，你会发现自己就是一座宝藏！

不要总是怨天尤人，抱怨老天的不公平，抱怨英雄无用武之地。上天给了每个人生命，同时给了每个人一天24小时。难道时间在成功人士手里可以变成金钱与成功，在你手里就毫无价值吗？当你坐等机会上门的时候，有些人已经在创造机会；当你灰心丧气时，有些人却在做不懈的努力；当你在挥霍时间、金钱时，有些人却在创造价值。

成功者并非比你更聪明，只要你不是智障人士，那么你和比尔·盖茨的智商也不相上下。他成功是因为他对自己充满信心，他相信自己能，而你却还在犹豫"我可以"吗？他想到了并敢于付诸行动，而你想不到，就算想到了，也不敢去做；他哪怕受到再大的打击与挫折都能坚持，而你却未必能坚持。当然能力也是不可小觑的，谁也不能忽视知识的力量，但知识与能力不是生来就有的。要想成为人上人，就必须吃得苦中苦。

人生就是一张单程的车票，走过去的光阴就不可能再回来，所以时间真的很宝贵，你真的甘心一辈子平庸吗？如果你不甘平庸，那你还在犹豫什么？不要害怕失败，失败了也没有什么，大不了从头再来。失败不过是走向成功的大门，只要坚持不懈，终有一天会成功。哪怕每次只进步一点点，也不要气馁，只要还在跑道上就一定可以到达终点，就算栽倒也要倒在成功的路上。

每失败一次就意味着离成功更近一步，所以应该抛开所有的消极与悲观。只要目标还在，梦想还在，就要去拼搏，在这个人生的大舞台上一展你的雄姿。没有人会阻止你成功，也没有谁能够阻止得了。只要坚持就会成功！去实现你的价值，让生命更加绚烂吧！

心灵悄悄话

人生在世，贵在坚持。谁能坚持到底，谁便能取胜。许多伟大的成就都是坚持和等待的结晶。只要你能坚持一天，胜利的希望就会增多一分。

第二篇 坚持到底就是胜利

永不放弃，成功就在眼前

放弃意味着你甘心弃权，不再有任何奢望和梦想，这必然导致你走向失败。永不放弃就要一次一次地尝试，如果你使用的方法不能达到目的，那就尝试其他方法。如果新的方法仍然行不通，再尝试另外一种方法，直到你找到解决问题的方法为止。

问题就像一把锁，总有一把钥匙可以将它打开。只要努力寻找，永不放弃，你终会找到解决问题的这把金钥匙。

很多人都有一个远大的理想和目标，并且为之而努力奋斗。他们每一天都用心思考，努力去做，但由于生活过于艰难，他们屡战屡败，越来越倦怠、气馁，终致半途而废。而过后他们才发现，如果再咬咬牙多走几步，很快就能到达成功的终点了。

重要的是怎样才能培养出这种不放弃、不气馁的精神。其中一个办法是永远不要把"失败"说出口，一旦你说出失败，你就很可能会说服自己从心理上去接受失败。

一篇文章讨论了使用消极否定和乐观肯定的话语的不同效果。以"不"字为例，"不"表示封锁了希望，但是把英文"不"倒过来拼，就有了开启另一扇门的希望，因为倒过来拼就成了"继续"（on），就有了无限的活力和行动的力量。不怕失败地"继续"探索你追求的目标，直到你的问题得以解决。

同样，我们来看 teem（充满）这个英文单词。生活中的每一件事似乎都"充满"坎坷，充满了悲伤，充满了无奈。如果我们把这个字倒过来，拼成 meet（迎头处理），含义就恰恰相反。当我们遭受挫折的时候，迎头加以处理，那种挑战和不怕失败的精神，不会让你再感觉到空虚和失望了。而每一项挑战的开始，每一次奋力地拼搏，你都会或多或少地获得成果，也必有所创造。

广西喷施宝有限公司总经理王祥林的成功创业经历同样说明了永不放弃的重要性。

王祥林原是一个只读了几年书的农民，后来却研制出了"喷施宝"这种科技成果。"喷施宝"远销西欧、美国、日本等20多个国家和地区，王祥林一举成名，也因此成了一名亿万富翁。然而王祥林克服困难走向成功的故事却鲜为人知。在"喷施宝"广为应用之前，王祥林遇到了许多意想不到的困难和挫折，但都被他灵活机智地克服了。

1986年5月15日，王祥林作为一个酒瓶厂的厂长参加了"广西乡镇企业技术交流会"。会上他被一个工程师研制的"叶面喷施"技术所深深吸引，回去后立即转产。有人嘲笑王祥林放着好日子不过，却去瞎折腾。王祥林没有说话，他坚定自己的信念，默默承受着来自周围的冷言冷语。最终，他东挪西借筹集到8.2万元资金，把这项"叶面喷施"技术买了回来。

生产工作随后启动，产品很快被生产出来。不过这时一个严峻的问题出现了，那就是产品到现在为止还没有很好的销路。王祥林情急之下便像小商贩那样沿街叫卖、摆摊、贴广告，然而一个礼拜过去了，一点成绩都没有，产品一份也没卖出去。然而王祥林并没有绝望，最后登上了开往广州的列车。一下车，他便打的直奔农资经销部门。当他从军用挎包里掏出自己的"心肝宝贝"并面带微笑介绍自己的产品时，傲慢的广东人拿出一瓶日本的"爱多收"，向他炫耀，还把他的"心肝宝贝"贬了一通。王祥林不服气，是金子总会发光。于是西进重庆，结果还是这样，没有人买账，他又碰了一鼻子灰。

这时的王祥林，真有些动摇了。到底是进还是退？如果现在退出，一切还来得及，顶多白干几年还清债务。不过冷静下来后，他又清醒地

意识到：不是东西不行，而是没有找到恰当的销售方法和渠道，"我王祥林从来没有熊过！"他认为自己的产品要被农民接受，必须先设法让专家认可。这个想法把他带到四川省农科院，院方表示支持他，试验费须交2万元。对于此时负债累累的王祥林来说，2万元简直是个天文数字。面对泰山压顶，他也只能"举火烧天"，豁出去了。求爷爷，告奶奶，四处"化缘"，好话说尽，最后总算凑齐了。紧接着，王祥林一口气跑了广东、湖南、江苏的10多家农科院、农业部门做了试验。结果专家们给予了肯定和认可，最终换来多达5公斤重的鉴定书。看着这样的结果，王祥林一下子有了主心骨。

1987年6月19日，他想尽办法在北京饭店举行了记者招待会，竟吸引了17家新闻单位的数十名记者前来采访。面对这种场面，这位还没有见过大"世面"却已饱尝艰辛的农民终于感到自己的腿能站直了，腰板也硬了，胸脯也挺起来，头也抬起来了。王祥林的"叶面宝"从这次记者招待会后声名鹊起，畅销全国，东洋货也被击溃了。

1991年5月22日，在广西科技大会上，"叶面宝"被评为广西科技进步一等奖。

创业之路是曲折坎坷的！王祥林以为这回终于可以扬眉吐气了，没想到又一场灾难正向他悄悄袭来。

正当"叶面宝"以排山倒海之势畅销全国各地的时候，一些电台和报纸登出了研制人的声明：王祥林在新闻媒介上宣传自己的产品时只字不提研制者的名字，这是侵犯专利权的行为。

农民出身的王祥林哪里晓得这些名堂，因此没有及时作出反应，结果使得事情愈演愈烈：研制者与王祥林终止了合同，并停止了"主剂"的供应，"叶面宝"的质量便难以得到保证了。紧接着，一张张列举王祥林种种"劣迹"的印刷品寄往王祥林在全国各地的客户手里……蒙在鼓里的王祥林一下子面临绝境：一个月内收到退货十万瓶。工厂停工，名誉扫地，公司濒临破产。

王祥林不甘失败，便向那些主管部门的领导申诉喊冤，四处"烧香拜佛"，并不惜几十万元在数十家新闻媒体上做解释性广告。

经过2年左右的极力挽救，这场纠纷终于平息下来。本来很有希望被评为全国"星火计划奖"的项目被搁置下来，已经开辟的许多市场被抢走，"叶面宝"的声誉遭受重创，这无疑让王祥林痛心疾首。但王祥林心中始终怀着一个信念：喷施技术还有很大潜力可以挖掘，若能在原有基础上继续开发新产品，一定会东山再起。于是，他开始寻找新的机会。

1987年春，一位工程师面对前来真诚讨教的王祥林介绍了自己辛勤研制的新型多功能叶肥——喷施宝。喷施宝的独特配方和功能深深吸引了王祥林，这让他看到了未来和希望，心里获得了莫大的欣慰，几年来的辛苦付出，今天终于得到了回报。回家后，王祥林摆出架势，像炼丹一样苦心研制了10多天，就这样，"喷施宝"隆重问世了。

这个有"神水"之称的肥料传遍千家万户，农民争相抢购，王祥林进军的号角终于吹响了。这就是一位农民企业家走向成功的艰难历程，他永不放弃的奋斗精神值得我们学习和深思！

歌德说："不懈地坚持，严厉地驱策自己继续向前。即使是最微小的人，只要这样去努力，也会把梦想变成现实。因为坚持的力量会随着时间而增长到没有人能够抗拒的程度。"

当遇到麻烦特别是很棘手的问题时，你一定感到万分无奈和沮丧。这时，你一定要遵循一个非常简单但做起来并不太容易的基本原则——永不放弃。

恒心是发挥潜能的必要条件

人在奋斗的过程中吃尽了苦头，而最后的笑声才是最甜的，最后的成功才是具有决定意义的成功，起初的成就和痛苦只不过都是为后来而设的奠基石。

1864年9月3日这天，寂静的斯德哥尔摩市郊，突然爆发出一阵震耳欲聋的巨响，滚滚的浓烟霎时间冲上天空，一股股火花直往上蹿。仅仅几分钟时间，一场惨祸发生了。当惊恐的人们赶到出事现场时，只见原来屹立在这里的一座工厂已荡然无存，无情的大火吞没了一切。火场旁边，站着一位三十多岁的年轻人，突如其来的惨祸和过分的刺激，已使他面无人色，浑身不住地颤抖着……这个大难不死的青年，就是后来闻名于世的阿尔弗莱德·诺贝尔。

诺贝尔眼睁睁地看着自己所创建的硝酸甘油炸药的实验工厂化为灰烬。人们从瓦砾中找出了五具尸体，其中一个是他正在读大学的活泼可爱的小弟弟，另外四人也是和他朝夕相处的亲密助手。五具烧得焦烂的尸体，令人惨不忍睹。诺贝尔的母亲得知小儿子惨死的噩耗，悲痛欲绝。年老的父亲因太受刺激引起脑出血，从此半身瘫痪。然而，诺贝尔在失败和巨大的痛苦面前却没有动摇。

惨案发生后，警察当局立即封锁了出事现场，并严禁诺贝尔恢复自己的工厂。人们像躲避瘟神一样避开他，再也没有人愿意出租土地让他进行如此危险的实验。困境并没有使诺贝尔退缩，几天以后，人们发现，在远离市区的马拉仑湖，出现了一艘巨大的平底驳船，驳船上并没有装什么货物，而是摆满了各种设备，一个年轻人正全神贯注地进行一项神秘的实验。他就是在大爆炸中死里逃生、被当地居民赶走了的诺贝尔。大无畏的勇气往往令死神也望而却步。

在令人心惊胆战的实验中，诺贝尔没有连同他的驳船一起葬身鱼腹，而是碰上了意外的机遇——发明了雷管。雷管的发明是爆炸学上的一项重大突破，随着当时许多欧洲国家工业化进程的加快，开矿山、修铁路、凿隧道、挖运河都需要炸药。于是，人们又开始亲近诺贝尔了。他把实验室从船上搬迁到斯德哥尔摩附近的温尔维特，正式建立了第一座硝酸甘油工厂。接着，他又在德国的汉堡等地建立了炸药公司。一时间，诺贝尔生产的炸药成了抢手货，源源不断的订单从世界各地纷至沓来，诺贝尔的财富与日俱增。

然而，获得成功的诺贝尔并没有摆脱灾难。不幸的消息接连不断地传来：在旧金山，运载炸药的火车因震荡发生爆炸，火车被炸得七零八落；德国一家著名工厂因搬运硝酸甘油时发生碰撞而爆炸，整个工厂和附近的民房变成了一片废墟；在巴拿马，一艘满载着硝酸甘油的轮船，在大西洋的航行途中，因颠簸引起爆炸，整个轮船全部葬身大海……

一连串骇人听闻的消息，再次使人们对诺贝尔望而生畏，甚至把他当成瘟神和灾星，如果说前次灾难还是小范围内的话，那么，这一次他所遭受的已经是世界性的诅咒和驱逐了。诺贝尔又一次被人们抛弃了，不，应该说是全世界的人都把自己应该承担的那份灾难给了他一个人。面对接踵而至的灾难和困境，诺贝尔没有一蹶不振，他身上所具有的毅力和恒心，使他对已选定的目标义无反顾，永不退缩。在奋斗的路上，他已习惯了与死神朝夕相伴。

炸药的威力曾是那样不可一世，然而，大无畏的勇气和矢志不渝的恒心最终激发了他心中的潜能，最终征服了炸药，吓退了死神。诺贝尔赢得了巨大的成功，他一生共获专利发明权355项。他用自己的巨额财富创立的诺贝尔科学奖，被国际科学界视为一种崇高的荣誉。

自 警

诺贝尔成功的经历告诉我们，恒心是实现目标过程中不可缺少的条件，恒心是发挥潜能的必要条件。恒心与追求结合之后，就形成了百折不挠的巨大力量。

恒心是每个成功人士都必须具备的一种品质。在人的一生中，难免会遇到各种各样的困难，但我们要像诺贝尔一样，竖起恒心，拿起希望，放下悲伤，走向自己的人生目标。

坚持下去，铁杵也能磨成针

有句古话叫"行百里者半九十"，其中包含着深刻的哲理。意思是说，无论干什么，越到最后越艰难。好比爬山，越接近顶峰越累，越容易让人产生放弃的念头，然而成功需要坚持。

古往今来，有多少功亏一篑、功败垂成的例子，之所以导致失败，原因就是不能坚持，在大功告成之际，却走向了失败。

有人提出"99 度加 1 度"的成功公式，就是说水烧到了 99 度，最后再加 1 度水就烧开了，这最后的 1 度最为关键。

但令人遗憾的是，许多人已经把成功之水烧到了 99 度，却放弃了这最后的 1 度，然后转到别处再烧到 99 度，而只差 1 度时又放弃了。

如此反复，陷入了失败的"怪圈"，致使与成功擦肩而过。

"只要功夫深，铁杵磨成针。"唐代大诗人李白小时候读书不用功，十分贪玩。

一日，碰见一位白发苍苍的老婆婆坐在河边的石头上磨铁棒，李白好奇地上前询问，得知老婆婆想把铁棒磨成细针。

李白甚为惊讶，不禁问道："这么粗的铁棒能磨成针吗？"老婆婆回答说："只要功夫深，铁杵磨成针。"李白从此牢记这句话，勤奋用功，终成一代诗仙。

且不论此故事真实与否，"只要功夫深，铁杵磨成针"却是一个颠扑不破的真理，成为流传千古的格言，激励着有志者在创业道路上坚忍

不拔，顽强拼搏。

日本著名企业家松下幸之助，就是一个在面临困难时善于坚持、敢于拼搏，最终成就大业的商界巨人。他在谈经营管理的论著中，专门阐述了如何面对经济不景气的问题。

他认为，不景气是企业发展过程中的一个阶段。从景气到不景气，再到景气，这是经济发展的客观规律。当不景气来临时，正好考验经营决策者的能力和胆识。

他说，"利用不景气打天下，当大家在不景气下一筹莫展时，你仍有开拓事业的勇气和能力，再不景气下去将来就是你的天下了。"松下幸之助正是在创业初期利用不景气进行负债经营，添置设备，在渡过困境后才有了更大的发展。

由此可见，耐力是时间上的坚持，能持久挺过最困难的时期正是有耐力的体现。如果我们在工作中遇上了麻烦和阻碍，要勇于坦然面对，尤其是一时半会儿不能解决的问题，一定要做好打"持久战"的准备，要有足够的耐心和毅力。

耐力需要时间的考验，时间能够消除许多问题。等一等，拖一拖，可能事情就会发生转机。耐力越持久，解决问题的机遇和办法也越多。当然，"等"和"拖"不是被动的，在等待中要积极寻找突破口，创造条件去克服困难。从"山重水复疑无路"到"柳暗花明又一村"，期间需要时间与耐力。

利昂·尤里曼当年投考戏剧学院时被拒之门外，原因很简单，主考官认为她缺少表演天赋。可是几年之后，她却两次被提名为奥斯卡金像奖最佳女演员的候选人。

理查德·L·马尼博士，伟大的神经放射学专家，但很多人不知道他在医学院一年级时，神经解剖学考试不及格……

这些有名的成功者也遇到过挫折和失败，但他们并没有被困难所吓倒，也没有听从别人善意而消极的劝告。而是坚持自己的理想，慎重考虑那些专家们下的结论，并用事实否定了这些结论。这些都源于他们不怕失败，敢于坚持自己主见的精神。

大约 2000 年前，古希腊哲学家苏格拉底就曾说过："对于古人经实践总结和归纳的思维方法和生活方式，不应该盲目追求，而是慎重考虑之后再接受，这是一个成熟的标志之一。成功者敢于向那些权威人士、那些经实践证明过的理论提出质疑。他们丰富的想象力和创新精神以及敢于冒险的勇气给了他们自由发挥的权力，可以大胆地走自己的路，使自己达到更高的层次，而不受那些'经验者'所盲目遵从的规范的束缚。"

诺曼·利尔原是一位普通的皮鞋推销员，后来却成为美国电视界的一位杰出人才。当时他热爱写作，但毫无成果。他渴望能在好莱坞谋求一份工作。为了实现自己的理想，引起有关人士注意，他几乎想尽了所有做法，但都没有达到目的。

他苦思冥想，决定用一种特殊的手法来表现自己的才能。他千方百计打听好莱坞的明星，终于得知一位知名喜剧演员的电话。

他马上打了过去，当他确信接电话的就是明星本人时，既不礼节性的寒暄问候，也不盲目地进行自我推销，而是不顾对方的想法就念了一篇他自己写的幽默短剧。他话音刚落，喜剧演员就捧腹大笑起来。

于是两人慢慢交谈起来。这位明星问他是否做过影视方面的工作，这个从没进过电视台大门的皮鞋推销员却煞有介事、自信十足地做了肯定的回答。

这位明星对这不速之客开始时还持怀疑态度，但是通过此番交谈让他消除了所有疑虑。谈话也在愉快中结束，并且利尔得到了他初试牛刀的机会——为圣诞特别电视节目撰稿。

这个故事虽小，却揭示了一个深刻的道理，那就是只要坚持自己的信念，并付诸实际行动，就能达到自己的目的，走向成功！

心灵悄悄话

自古以来，成功者和失败者的差异除了其他因素外，主要的区别还在于意志品质的不同。但凡成大事者。都有超乎常人的意志力、忍耐力，也就是说，碰到艰难险阻或陷入困境，常人难以坚持下去而放弃或逃避时，有作为的人往往能够坚持到底，坚持到底就能胜利。

坚持就是力量，坚持就有希望

许多事不在力量大小，而在于坚持多久。蜗牛爬得虽慢，但它永不停歇也能到达目的地；蚂蚁力气小，但他一点点移动，也能把比它重得多的食物搬回家。所以，坚持的力量是巨大的，只要持之以恒地做一件事，就一定会取得成功。

一群年幼的沙鸥，无忧无虑地嬉戏在绿色的湖水中。一只勇敢的小沙鸥尝试着，挣扎着，试图展开翅膀，飞向蓝天。它一次次不停地扑摔着，挣扎着，失败着，其余的沙鸥只是看着。突然间，那只沙鸥成功了，自由地翱翔于天际。

在那只会飞的沙鸥引领下，第二只、第三只沙鸥开始了同样的尝试……突然有一天，所有的沙鸥都学会了飞翔。

风不因为云彩的美丽而驻足观看，不会为谁而停留。太阳也不会因为黑暗的来临就放弃了燃烧，流星也不会因为死亡而失去一瞬间的美丽。有一种成功叫坚持，有一种幸运叫希望，有一种幸福叫梦想。

一名大学青年教师，不善言辞。他有一个习惯：手里随时握着一支铅笔头，兴之所至，会将所思所想随手记下来，从他的办公室、家里到实验室，到处都有他"信手涂鸦"的杰作。他曾被认为是全校"最不讲究的人"。进校第十年，他40岁，此时他完成了一个很重要的设想，这是他十年"涂鸦"的结晶。当他将设想课题提交给学校之后，却遭

到了无情的嘲弄。大伙都说那是他铅笔头"涂鸦"出来的异端邪说，毫无研究价值可言。学校不支持，他多年的心血泡汤了。

他不甘心，决定不改初衷，又用了10年的时光，克服种种困难，完成了课题的初步测试，并将测试成果递交到美国国立研究院。起初，研究院对他的测试成果很感兴趣，但到学校调查，得知他铅笔头"涂鸦"的故事后，立刻对其人其事失去了信任。他20年的心血，因为一支小小的铅笔头，又一次被束之高阁。

但是，他没有气馁。通过多年细致入微的研究，他越来越清楚自己研究成果的价值，他自筹资金对实验成果进行了进一步完善。4年后，他再次向国立研究院递交了已经成型的报告。这次，研究院不仅批复了，还就"铅笔头"事件向他表达了歉意，他的科研成果很快应用于实践。

2007年，这项研究成果被应用于"基因靶向治疗技术"，这位已是年届七旬的老人，因此获得了当年的诺贝尔生理学奖。他就是美国科学家马里奥·卡佩基。

从他被嘲笑、不被理解和支持到他不甘心、不气馁一直到他的成果被"批复"，并用于实践，为此获得"诺贝尔奖"这一过程花去了他近乎半生的精力，种种挫折，他却从未放弃过。

坚持的力量可以让人冲破世俗的黑暗，迎接成功的曙光。

56岁的李运成是一位大学教师，她在三次病危的时候，儿子都不愿意去看她，而让她备受痛苦。杭天龙是李运成的儿子，他的父亲是警察，家里本是小康，但是在杭天龙10岁左右的时候，因为母亲不顾家人的反对收养了两个弃婴，导致家里变得很贫穷。因为李运成把所有心思都花在两个有病的弃婴上，所以疏忽了自己的亲生儿子，导致杭天龙对母亲的渐渐萌生恨意。

杭天龙步入大学之后，母亲为了减轻丈夫的负担，毅然地提出离婚，这让杭天龙对母亲的恨加深了许多，认为母亲为了两个不相干的孩子拆散了自己的家，抛弃了丈夫和儿子。多少年后，杭天龙也成了大学教师，当杭天龙从父亲的口中得知母亲的选择背后的故事，才明了自己的母亲多么伟大。李运成也是一名弃婴，被人收养，后来养父过世了，养母也没有改嫁，视如己出地把李运成抚养成人。杭天龙知道后百感交集。这时候，李运成正在生死边缘挣扎，在医院里面抢救。当李运成睁开眼就看到了杭天龙守在身边时，不敢相信看到的事实。在儿子和家人精心的照顾下，李运成渐渐恢复了健康。

人生在世，只要坚持就有希望，这种希望的意义是因为正义、责任、无私、光明的感召而存在。哪怕被一时乌云所遮掩，被一时冷漠和鄙夷所嘲弄，那又算什么呢？

人生路途漫漫，失败总是有的，但这一切只不过是你通往成功的道路上的绊脚石。别为你的挫折伤感，坚持生命因挫折而精彩；别为你的坎坷感到忧愁，坚持人生因坎坷而充实。笑一笑，就如遇到幸福和快乐那样高兴吧！挫折和坎坷其实并不起眼，只要坚持我们的信念，坚持着我们的理想，坚持努力过后便是胜利，坚持阳光总在风雨后，相信，在经历了无数次的失败过后便是美好的明天！

心灵悄悄话

坚持就有希望，坚持就是力量，在人生的旅途中，脚踏实地，坚持去做好每一件事，相信你一定可以做到最好的自己，取得属于自己的成功。

今天要比昨天多迈出一步

有这样一个故事：

胡里奥用世界上六国语言演唱的唱片已经销售了10亿多张，而他也因此获得了《吉尼斯世界纪录》创办者颁发的"钻石唱片奖"。《法国晚报》曾赞扬他为20世纪80年代的一号歌星。歌剧明星普拉西多·多明戈这样评价这位40多岁富有激情的西班牙演唱浪漫民谣的歌手："胡里奥达到了每个歌唱家梦寐以求的造诣，既会唱古典的，又会唱流行的，他打动了所有观众的心。"

胡里奥假如没有雄心、勇气和铁一般的毅力，那么今天他可能只是一个默默无闻的残疾人。说来也奇怪，他的成功还是由于一起车祸事故引起的。

1963年9月，他和三个朋友沿着郊区的大路驱车向马德里家中驶去，当时已过午夜，纯粹出于年轻人的胡闹，他把车速开到每小时100公里，驶到一个急转弯处，汽车陡然滑向一侧，一个跟头翻到了田里。当时没有人受重伤，过了一段时间，胡里奥感到胸部和腰部急剧的刺痛，伴随着呼吸困难和浑身发抖。神经外科专家诊断是脊椎出了问题，胡里奥瘫痪了，他被送到一个治截瘫病人的医院，脊柱检查发现：他背上在第七根脊椎骨上长有一个良性瘤，随后做了外科手术把瘤摘除。但是胡里奥回家后腰部下面仍不能动弹，这种情形实在让人沮丧。胡里奥在一段时间后恢复了一点活动能力，但是进展缓慢，锻炼使得他筋疲力尽。胡里奥有时也很绝望，有位护士得知这情形，给了他一把价钱不贵的吉他，他开始无目的的拨弄起来，他发现这种乱弹乱奏给他消除了忧虑和无聊。这种乱奏引发他跟着哼起来，后来试着唱出几句，令他高兴的是，自己的嗓音还不错。

手术后的 4 个月，胡里奥站在地板上，手抓着他家里楼梯的扶手，费力地试着上楼，这样的练习使他气喘吁吁。但他总算走出了迈向康复的第一步。

他每日的目标就是比头天多迈出一步，为了加强身体其他部位的锻炼，他沿着门厅不停地爬行四五个小时。在他的消暑住地，他能挂着双拐沿着海滩缓慢费力地行走，而且每天早上，他在地中海里疲倦不堪地游上三四个小时。到那一年的秋天，他挂一根手杖行走。几个月后，他把手杖也扔到了一边，每天慢行 10 公里。

1968 年，他于法学院毕业，他曾打算进外交使团。在那时，音乐仅是一种消遣，长期而孤独的恢复期使胡里奥产生了灵感，他总算写出了自己的第一首歌《生活像往常一样继续》。

尽管他迟疑过，最后还是同意在西班牙一年一度为流行音乐举行的最重要的比赛——"本尼多姆歌节"上演唱那首歌。

在那次比赛中，胡里奥获得了一等奖。这首歌一时在全国流行起来，并成了一部西班牙电影的片名，这部影片是根据他和瘫痪作斗争的经历而写的，他主演了这部电影，这样又成了一位电影明星。

作为一位世界性的音乐家，公众对他的接受有一个漫长的过程。在他用歌声征服拉丁美洲听众的过程中，他首先得征服村民们，使他们知道胡里奥是谁。1971 年他在巴拿马时，身无分文，露宿在公园的长凳上。就在这种情况下，他也没有怀疑过美好的明天在向他招手。他身体上的复原让他决心不放弃任何梦想。

1972 年，《献给佳丽西娅的歌》结束了黑暗的日子，这首歌跳动的民间节奏，使得它流行于整个欧洲和南美。

很快，他又推出了其他流行曲目。1974 年，他的唱片《Manuela》使他在法国成为第一个获得金唱片奖的西班牙歌手。

自警

1981 年，胡里奥写的自传《在天堂和地狱之间》一书中，他描述了自己婚姻的破裂，其痛苦的程度不亚于那次瘫痪。他体会到了失败，陷进了深深的绝望之谷。他得做出超人的努力来面对观众。那时他觉得他的双腿又瘫了，可一位心理医生对他说是他的思想出了问题："你应该像从前那样，把自己投入到事业中去。"有位医生建议："继续你已开展的事业——不达顶峰不罢休。"

有了这些鼓励，胡里奥感觉好多了。从那以后，他严格遵守医生的指导，时刻不忘20年前的自我疗法：今天要比昨天多迈出一步。

1978 年，胡里奥和哥伦比亚广播唱片公司签了一项长期合同，他细心而不知疲倦地工作，花了 6 个月的时间录一张唱片，他先用西班牙语演唱，后来用了法语、意大利语、葡萄牙语和德语唱。他同时还得花些时间录制首次用英语演唱的唱片。

胡里奥回顾瘫痪时的黑暗之日，发现有很多东西值得感激。他说："我在音乐方面获得的一切成就，都来源于那次痛苦。"现在健康、愉快和出名的胡里奥·依格莱西斯，他的生活本身证明了他写进第一首歌《生活像往常一样继续》中的箴言："人总有理由生存，总有理由奋斗！"这就是一个有雄心成大事者性格的真实写照。

假如你曾跌倒过一百次，那么，若你有一颗奔腾不息的雄心驱使你勇敢地用一百零一次的勇气站起来，你就赢了！

心灵悄悄话

"今天要比昨天多迈出一步"，是一种不达目的誓不罢休的精神，是一种对自己所从事的事业的坚强信念，也是高瞻远瞩的眼光和胸怀。它不是蛮干，不是赌徒的"孤注一掷"，而是在通观全局的和预测未来后的明智抉择，它更是一种对人生充满希望的乐观态度。

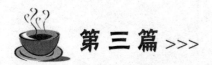

第三篇 >>>
稳扎稳打绝不冒进

　　想成就大业的人,要有忍耐的精神,不应该被自己一时冲动的感情所左右,要想取得最后的胜利,就要分清远近大小和轻重缓急,在该舍的时候要忍痛割爱,在该忍耐的时候要从长计议,谨慎行事。任何事情都有一定的时间限制,不可能今天做了马上就得到回报,就像农民种地,今天撒上种子,明天不会有收获,因为时候还没有到。

　　假如农民心急,第二天没有收获就去把种子扒出来,这样他永远都不会再有收获,这种急于得到回报的心态是完全不实际的。

不冒进方能有所成就

有这样一个故事：

李牧是赵国的大将，他深沉大度，尽心报国。当时他曾奉命在北方抵御匈奴。在他防守的时候，所在地的官吏都由他任免，百姓交纳的税收都归入他的军营，作为供养兵将的军资，赵王一律不过问，李牧可谓位高权重。

李牧带兵严格，认真地训练士卒射箭骑马的技术，并让他们留心远方烽火的消息，还派遣许多间谍到敌方探查动静。他也非常优待属下，每天都要杀好几只牛羊给士兵们享用，因此深得将士爱戴。但让人意外的是，如此忠心的李牧却严格命令："如果匈奴进攻，就赶紧收拾好兵器回到城内把守，有哪个人私自出去攻击对方，定杀不赦。"

于是每次匈奴来犯，李牧都事先得到烽火的报警，然后妥当地退守要地，不与之正面开战。一连好几年，没有任何土地被匈奴夺走。

时间长了，匈奴人都觉得李牧是怯懦的人，因此对他毫不在意，甚至连赵国的士兵们也认为主帅胆小无能。赵王听说了此事，便遣使责备李牧，但李牧依然如故，没有改变以前的做事方式。赵王一怒之下就把李牧召了回来，派其他将领代替他的职位。

不到一年时间，匈奴再次前来进犯，赵兵皆出与之争战，但出战的结果多是失败，丧失了许多土地，边境百姓也无法正常安稳地生活。赵王见边事不利，便想请李牧回来统御北方。这时李牧已经称病在家，不愿出仕，无奈赵王强请硬求，非要他重任边将不可。李牧于是要求必须

依照他以前的方法治军，才愿意奉命出马，赵王立刻就答应了。

重做将军的李牧命令手下的士兵遵循以前的做事方法，这让匈奴数年里一无所获，但他们终究还是认为李牧胆小怯懦。防守边塞的将士天天得到赏赐却不用打仗，他们都很希望能和匈奴一决死战，以作为对赏赐的回报。此时，李牧知道军心齐了，就挑选了十多万精兵，并让他们做好战斗的准备，然后把城中百姓养的牲畜都赶到城外去。

没多久，就有一小部分匈奴来犯，李牧先命数千人应战，然后假装不敌，故意败北回营。匈奴首领听说了，便率军大举侵边，这时李牧才率主力迎击，一鼓作气，歼灭了匈奴十多万人马，这让匈奴元气大伤。这时，他们才明白李牧的碌碌无为不过是掩人耳目的假象。从那时起，匈奴人一听见李牧的名字，简直闻风丧胆，再也不敢来进犯了。

想成就大业的人，要有忍耐的精神，不应该被自己一时冲动的感情所左右，要想取得最后的胜利，就要分清远近大小和轻重缓急，在该舍的时候要忍痛割爱，在该忍耐的时候要从长计议，谨慎行事。

心灵悄悄话

成功者从来不会冒冒失失，做出令自己后悔一生的决定，他们会稳扎稳打，因为他们知道只有这样才能做出非凡的成就。

办事要分清轻重缓急

事情有难易之分，有大小之别。有的事情紧急就一定要先办，有的事情无关整体就可缓办。我们一天要办的事肯定不只一件，这时候，就需要我们统筹安排要办的事，分清轻重缓急，这样才能把事情做好。

一位成功人士曾谈起他遇到的两个人。第一个是性急的人，不管你在什么时候遇见他，他都是风风火火的样子。如果要同他谈话，他只能拿出两三分钟的时间，时间稍长一点，他就会一再地伸手看表，暗示你他的时间很紧张。他公司的业务虽然很大，但是开销更大。究其原因，主要是他在工作安排上七颠八倒，毫无秩序。他做起事来毫无章法，也常为杂乱的东西所阻碍。结果，他的事务从来都是一团糟，他的办公桌简直就是一个垃圾堆。他经常很忙碌，从来没有时间来整理自己的东西，即便有时间，他也不知道怎样去整理和安放。

第二个人与上述那个人恰恰相反。你从来看不到他忙碌的样子，他做事非常镇静，总是很平静温和。别人不论有什么难事和他商谈，他总是彬彬有礼。在他的公司里，所有员工都寂静无声地埋头工作，各样东西安放得也有条不紊。他富有特色的有条理、讲求秩序的作风，影响并带动了整个公司的员工，大家做起事来都是按部就班，极有秩序，整个公司秩序一派井然。

可以看出工作有秩序，处理事务有条理，在办公室里不浪费时间，自己心神安定，办事效率也会极高。从这个角度来看，时间就会变得很

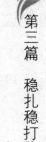

第三篇 稳扎稳打绝不冒进

充裕。

一些人关心的只是一天做了多少件紧迫的事，做得越多成就感越强，却不去问事情的紧迫性与重要程度，满以为这是高效率的工作，但往往是抓了一堆芝麻，西瓜一个也没捡着。好似充分利用了时间，实际是浪费了时间。不分轻重缓急，眉毛胡须一把抓，必然会贻误时机，错过成就事业的关键良机，影响事业局面的打开，很难取得突飞猛进的发展。

一个人要做成某件事必须要一步步地进行，根据事情的紧迫性，集中一切资源、时间和精力，坚持把重要的事情放在最前面做，这样才能抓住事情的重点，不会因为处理次要事情而耽搁解决重要的事情。

在一堂时间管理课上，教授在桌子上放了一个玻璃容器。然后从桌子下面拿出一些鹅卵石。教授把鹅卵石一一放进玻璃容器中，直到放满为止，然后问学生容器满了没有。学生都回答满了。

教授又从桌子底下拿出一袋小石子，把小石子倒入玻璃容器里，晃一晃，又放进去了一些。教授笑着问学生现在满了没有。这次学生不敢回答得太快了，"可能也没满"，有的同学回答。

教授又拿出一袋沙子，慢慢地倒进去了。"现在呢?"教授又笑着问。"没有满!"全班同学异口同声地回答。"很好!"教授夸奖了这些孺子可教的学生们。

接着，教授又从桌子底下拿出一大瓶水，把水倒进看起来已经被鹅卵石、小石子、沙子填满的玻璃容器。

教授问同学们感悟到了什么?

一个学生回答："无论我们有多忙，行程排得多满，如果再挤一挤，还是可以再做很多事的。"

"说得很好"，教授微笑说，"但是我想告诉你们的是一个更为重要的信息。"说到这里，教授故意停顿，用眼睛向全班同学扫了一遍说："我想告诉各位的是，如果你不先将大的'鹅卵石'放进玻璃容器里去，你可能永远没有机会再把它们放进去了。各位有没有想过，什么是你生命中的鹅卵石？"

人生短暂，能做的事其实真的很有限，因此，要把有限的时间用到对于自己最有意义的事情上去。办事也是一样，要在最短的时间内先做最重要的事，从而为成功打下基础。

成功励志大师拿破仑·希尔说，在做任何事情之前，都必须先把各项工作分成类：重要的和不重要的，或是，有关系的和没有关系的。因为人的时间和精力都是有限的，不可能一下子就做好多件难办的事情。为了高效、顺利地办好突然涌来的大量繁杂事情，我们一定要根据事情的轻重缓急，制定出一个合理的顺序表和一个事情的进度表，这样我们才可以有条不紊地向目标前进。

心灵悄悄话

真正的成功人士都明白轻重缓急的道理，他们在处理一年或一个月、一天的事情之前，总是先分清主次，再来安排自己的时间。因此在做事时首先要了解情况。对所办的事情有了全面了解后，再深入各个方面，从关键出发，先做最重要的事。只有这样，才能找到突破点，把事办成。

自警

——朝如青丝暮成雪

做事不要太过急功近利

"先了解你要做什么，然后去做。"对行事容易草率的人来说，这是很好的座右铭，尤其是前半段。假如决断和行动力是迈向成熟的必要条件，那么我们所采取的行动，必须根据良好的分析与判断。

生活中有很多人，特别是年纪轻、经验少，又急于求成的人就更是容易做事冲动，不计后果。有些人甚至缺少计划，任性而为，想到哪儿做到哪儿。他们也许有极强的自信心，也许更应该说是自负。他们总是天真地认为即使没有经过精心的设计与安排也同样能够马到功成，而这些人通常都是行事草率鲁莽的人。一个人草率行事的性格只能让自己吃尽苦头——毫无头绪、混乱不堪、漏洞百出。

俗话说，一分耕耘一分收获。在这大千世界，不管你是谁，只要付出了，就一定会得到回报。只要你曾经努力过，汗水是不会白流的。总有一天你的付出，你的努力会为你换回美好的回报，这是永远不会更改的事实。但很多时候，人们有些操之过急，自己做出一些好事或者付出一点，就渴望立刻得到回报，一旦不能如愿地得到回报就会报怨，就会怀疑，甚至会失去坚持下去的动力，这样的心态永远都不会得到回报。

任何事情都有一定的时间限制，不可能今天做了马上就得到回报，就像农民种地，今天撒上种子，明天不会有收获，因为时候还没有到。假如农民心急，第二天没有收获就去把种子扒出来，这样他永远都不会再有收获，这种急于得到回报的心态是完全不实际的。

冲动是魔鬼。急于求成的这种冲动，不但不能达到人们预期的效果，还会使人忙中生乱，错失机会而铸成大错。所以说人无论做什么事情，不要急于求成，只要按部就班，脚踏实地，一步一步地去做，就一定会有收获。恒久的坚持是一种可贵的精神。

农夫在地里种下了两粒种子，很快它们变成了两棵同样大小的树苗。第一棵树开始就决心长成一棵参天大树，所以它拼命地从地下吸收养料，储备起来，用以滋润每一个细胞，盘算着怎样向上生长，完善自身。由于这个原因，在最初的几年，它并没有结果实，这让农夫很恼火。而另一棵树同样也拼命地从地下吸取养料，打算早点开花结果，它做到了这一点。这使农夫很欣赏它，并经常浇灌它。

时光飞转，那棵久不开花的大树由于身强体壮，养分充足，终于结出了又大又甜的果实。而那棵过早开花的树，却由于还未成熟，便承担起了开花结果的任务，所以结出的果实苦涩难吃，并不讨人喜欢，自己也因此而累弯了腰。农夫诧异地叹了口气，终于用斧头将它砍倒，当柴烧了。

由此不难看出，急于求成只会导致最终的失败，所以我们不妨放远眼光，注重自身知识的积累，厚积薄发，自然会水到渠成。

美国股神巴菲特有一句名言：只有退潮时，你才知道谁在光着身子游泳。很多的企业似乎正是这样，经济狂潮一经消退，喧闹的沙滩上留下的便是投资者尴尬的身影，而这无力遮羞的身影正是急功近利所带来的一大致命伤。由于急功近利，不少企业不愿在苦练内功上下功夫，而是把赌注压在广告上。一些企业在商海中潮起潮落，上下浮沉，甚至是杀鸡取卵、急功近利。

看到新世界旗下的酒店和国际会议展览中心为郑裕彤带来的巨额财富，许多人说，郑裕彤的成功就是胆大、冒险、快速赚钱。但郑裕彤却不这样认为。郑裕彤说："我不喜欢立刻就能赚钱，而且赚得很多的项目。越赚得快的钱，风险越大，这是一定的。""我不是这样，因为我做每一件事都是看透了才去做的，不是急功近利的。以会展中心为例，

我做这件事的时候，别人说我大胆，其实我已经看透了，中国最终要收回香港。1997 年的时候，很多人对中国没有信心，但是我对中国有信心，就是这样的。"

什么是远利？什么是近利？什么是大利？什么是小利？每个人都有自己的衡量标准，市场也有它自己的游戏规则，只是急功近利的人难以看到，经过脚踏实地创造的远利才是大利，经过努力追求的远利才是长久的利益。

在现实生活中，出现急功近利的现象并不奇怪。问题在于，要清醒地看到其危害，识别其与求真务实的根本对立。所以为了我们的长期发展，不管是在思想上还是在行为上，都应该狠煞急功近利之风。

不怕有风险，就怕不谨慎

对于企业家来说，花钱在很大程度上就是投资。既然投资想赚钱，风险不可避免，但我们可以尽力减少风险。比如说调查市场，比如说研究政策，采取合适的、合理的扩张方式等。投资事关公司发展的全局，不怕有风险，就怕不谨慎，应该成为公司领导做事的基本准则。

柳传志说："在选择新路的时候，分不清这个新路是黄土路还是草地泥潭的时候，要小心翼翼地踩上五步十步，确定它是黄土路以后，是干燥的路以后，然后再撒腿就跑。我跟年轻同事的区别可能是，他们踩五步就跑，我踩二十步才跑。"花钱并不是件容易的事情，公司的"花钱水平"不仅涉及公司的经济状况，其结果还会影响到公司以后的成熟和发展。不会驾驭财富，不会投资，不熟谙商道，公司有多少钱也会慢慢花光的。所以说，怎么花钱很重要，在国外有专业的投资家，如沃伦·巴菲特、乔治·索罗斯，到处讲课告诉人们怎么投资，其实就是教人们怎么花钱。

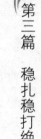

深圳万科股份有限公司董事长王石说："万科之所以能走到今天，就是因为有稳定的心态，一步一个脚印。"

一个富翁教儿子开车，富翁说"你看到我怎么开了吧，你不要管这车是什么牌子，值多少钱，这和开车没有关系，你只要记得一样，遇到状况，就踩刹车。"

自警

五分钟后，儿子成功地把一辆豪华的奔驰撞到了路牌上，吓得一句话也不敢说，富翁也利用这机会说了一段非常有说服力的话："你看到了吧，不刹车就会失控，而失控是最坏的情况，因为没有人知道失控以后会发生什么，开车是这样，做生意也是这样，在不清楚周围情况的时候就要刹车，随时刹车！"随时刹车，就可以让我们知道自己在哪里，让我们知道做的事情是对还是错，可以让我们不过于情绪化进而客观地分析问题，可以随时调整。

安而不可忘危的道理对成功者来说也是非常重要的。在困境里，很多人往往能刻苦奋进；而当步入佳境、事业顺利、百事亨通时，反而忘乎所以。原因就在于面对前者人们能兢兢业业，小心翼翼；对待后者，往往放松了警惕，造成失误、导致失败。

美国的吉列公司是生产剃须刀而闻名世界并大发横财的企业。可是它就因为没有居安思危，高瞻远瞩，在公司发展的历史上曾受到了沉重的打击。

1961年，剃须刀的制造工艺领域内出现了一场具有划时代意义的革命——英国的威克逊公司在世界上第一次采用不锈钢材料制造剃须刀片获得成功，推出了人类有史以来第一把不锈钢剃须刀片。

不锈钢刀片的异军突起，给吉列拉响了警报。显然，不锈钢刀片市场份额的继续扩大，严重影响了吉列的市场地位。

此时，吉列公司要么立即推出自己的不锈钢刀片，这样可以满足吉列已有的广大市场，并且不需要用太多的促销费用，但这样做，将会对原有产品"超级蓝光"的市场造成强烈冲击，甚至放弃"超级蓝光"，因而需要很大的决心和勇气。

吉列的决策者们经过分析，错误地认为自己在刀片市场的地位不会被动摇。于是，他们不理睬不锈钢刀片，全力巩固自己的"超级蓝光"的市场地位。

后来事实证明，这是一个极端错误的决策。在吉列的决策作出后不久，事态的发展便急转直下，令吉列的决策者们瞠目结舌。不锈钢刀片在市场上的销售势头空前凶猛。完全剃刀公司和精锐公司充分利用吉列无动于衷的大好时机，投入巨额促销费用，大力宣传不锈钢刀片的经久耐用，物美价廉，使不锈钢刀片的销售不断升温。

在强大的促销攻势下，吉列的新老顾客纷纷投入了不锈钢刀片的怀抱。吉列的"超级蓝光"碳钢刀片的销售量急剧减少，市场份额降至吉列有史以来的最低点。

如今，40余年过去了。在这期间，世界剃须刀片市场上龙争虎斗，几经沉浮，虽然吉列还是牢牢占据了市场的霸主地位，但那次大伤元气的痛苦教训是深刻的。

今天，各行各业竞争都非常激烈，企业领导者若想带领自己的团队获得成功，就必须先谨慎。

四通公司曾经是中国IT业的第一品牌，后来四通什么都干：激光排版、医药、保健品、卫星通信、传媒、互联网、金融等等，但是，今天的四通早已退出了人们的视野，四通早已被专注于IT业的联想远远地甩在了后面。

春兰曾经是中国空调业的第一品牌，后来春兰也是横跨家电、能源、汽车、摩托车、文化传媒等众多领域，今天，春兰空调早已从第一的位置上走下来了，春兰上市公司巨额的利润下滑也已逼近证监会的底线。

无数事实证明，领导者要有稳定的心态，一步一个脚印。因为在这个社会上，有很多事情是没法超越的，不是你想多快就能多快。

企业战略的制定事关全局，市场在昭示着一个竞争规范化、高度化时代的到来，市场的发育与市场经济的发展使理性的经营者走到了历史

——
朝
如
青
丝
暮
成
雪

的前台，并将逐步取代靠感性与经验致富者。

任何一次失败，对于一家公司都有可能是致命的。尤其对于普通商人而言，也许一次失败若干年后才能爬起来。因此，树立忧患意识与危机感，深谋远虑，安而不忘危，是经商成功的重要条件。对于每一个人来说，既要享受成功的喜悦，又不能沉溺于成就感里而忘乎所以，既要懂得居安思危，又要不忘奋发进取。

心灵悄悄话

当今世界五彩缤纷，机会与陷阱同在。关键是看清楚，设计好我们最终要飞多高多远，寻找我们需要的天空和阳光，寻找属于我们的战略机会。成功的企业家，目光所至，一切都被他掌握。

沉着冷静方能捕捉先机

大家都明白"商场如战场"的道理。由于商场上充满你死我活的竞争，所以许多人做事情的方式往往是针锋相对，趁热打铁，力争在气势上压倒对手，置对方于死地。可惜这个时候往往自己会漏洞百出，让对方可以找到可乘之机。在成功的道路上，成功者最大的特点是不盲目，不浮躁，看不准的时候，一定不要轻易作出决策，要静观其变，以便得到更多的观察和思考的机会。

刘永好等四兄弟创立的希望集团以颗粒饲料起家，经过数年的奋斗创业，到20世纪90年代初，已成为全国知名的民营企业。希望集团的诞生给刘氏兄弟的事业发展带来无限生机。

1992年，他们率先把公司变成了全国第一家民营企业集团，开始了大兵团作战。当时希望集团书写的大字标语遍布广袤的城乡大地："希望养猪富，希望来帮助"。

第一股海南地产热时，曾有人建议希望集团搞房地产开发，并向总裁刘永好大传生意经，也就是炒地皮。当时海口开发，的确有人从中赚了很多钱。刘永好于是也注册了公司，准备投入到这片热土搞经营，但是实地考察后，他发现这种投资具有很大的盲目性，疯狂的炒卖无异于"击鼓传花"，这种游戏终有停下来的时候，总有倒霉的时候，于是，他决定暂时注销公司，退出这种浮躁的投机经营。

几年后，刘永好觉得真正的机会到来了，这回他主动出击，大胆地走出四川，先后在上海、江西、安徽、云南、内蒙古等二十几个省、

第三篇 稳扎稳打绝不冒进

市、自治区开展与国有、集体、外资企业的广泛合作，迅速进军房地产市场。1997 年，刘永好在成都注册了新希望房地产开发公司并迅速完成了第一轮开发的积累。

刘永好把新希望的房地产开发从一开始就放到了高起点、大规模的平台上。锦官新城作为新希望房地产的开山之作，一问世，首期开盘三天之内就销售 1 亿，创造了成都房地产奇迹。

2000 年 11 月，民生银行上市，刘氏兄弟分别以四川新希望农业股份有限公司和四川南方希望有限公司名义拥有民生银行股份 203 亿股。2000 年，美国《福布斯》评定刘永好、刘永行兄弟，财产为 10 亿美元，列中国内地 50 名富豪第二位。

天下没有不要钱的午餐。刘永好相信一步一步地扎实创业，只要积累到一定程度，踏出关键一步，就能成功。他不相信盲目投资会一夜暴富的神话，不相信送上门来的好处，在秩序紊乱之时，他不盲目从事，而是静观风云变化，细察浪奔浪涌，以逸待劳，等待良机。

刘永好适时而动，进军房地产业的成功，启示人们：动荡之时要冷眼观潮，切忌盲从跟风；平时积蓄实力，看中机会果断出击。

人越到需要紧迫作出决定的时候，思想越容易混乱，或者思考能力干脆停止了，这就是人们常说的"惊呆了""急懵了"，"惊慌失措"等等。这时的我们更需要冷静的情绪，清醒的头脑，才能顺利地处理好紧急情况。

同样的，美国的钢铁大王卡内基，曾经也运用了这样的策略，打败了不可一世的金融巨子——摩根。

当古巴还是西班牙领地的时候，美国总统麦金利趁古巴发生动乱之际，找了一个借口，发动了美西战争。而与此同时，在战争之外，老摩根与素有钢铁大王之称的卡内基展开了一场龙争虎斗。看起来摩根是美国可以呼风唤雨的人物，卡内基根本就不是对手。

这两个人本来是风马牛不相及的，这场"战争"是怎么引起的呢？由于美西战争的需要，匹兹堡的钢铁需求量大增，当美西战争以美国的胜利而告终时，美国在国际上的影响力得到大大提高。正是在这样的背景下，摩根向卡内基发动了钢铁大战。由于摩根看到了钢铁工业前途无量，所以，他很早就把目光盯在了钢铁生意上，并采取了积极的措施。他把安插高级管理人员作为融资条件，逐渐地控制了伊利钢铁公司。虽然如此，这两家钢铁公司与卡内基的钢铁公司相比，还只能够算作小鱼。摩根的野心肯定不只是这些而已。

美西之战导致钢铁成了紧缺货物，其价格猛烈上涨，摩根对于手中的那两家公司还不满意，于是决定向卡内基发动进攻。为了壮大自己的事业，摩根首先合并了美国中西部的一系列中小型钢铁公司，成立了联邦钢铁公司，同时拉拢国家钢管公司和美国钢网公司。一切准备就绪后，摩根开始向卡内基采取行动了，他率先控制联邦钢铁公司的关系企业和自己所属的全部铁路，同时取消了向卡内基订货。根据摩根的预测，卡内基会立刻作出反应。但事情恰与摩根预料的相反，卡内基出奇的平静，好像什么事情也没有发生一样。这让老摩根感觉到始料未及，他不知道这个年轻人葫芦里到底卖的是什么药。

摩根不明白，为什么卡内基在受到如此围剿的时候还能够无动于衷？其实卡内基比任何人更明白一点：冷静就是最好的对策。更何况自己面临的对手是能够在美国呼风唤雨的金融巨头，如果此时匆忙采取行动，那最终倒霉的肯定是自己。所以，他准备静观其变，看看后面的发展趋势再作打算。

摩根很快意识到自己在这件事上栽了跟头，卡内基以静制动的策略弄得自己很难堪。这就等于向人宣战，人家却在一边自顾自地，根本就不搭理你这茬儿。于是，他马上采取第二个步骤，他放出风去：美国钢铁业必须合并，现在是否合并贝斯拉赫姆公司，还在考虑之中。但有一点是毋庸置疑的，那就是合并卡内基公司只是时间问题了，摩根向卡内基发出了如此的挑衅。同时，他威胁卡内基，扬言要与贝斯拉赫姆联手

第三篇 稳扎稳打绝不冒进

对付卡内基。摩根这个时候是志在必得。

此时不出手欲待何时？卡内基看见这个时候摩根已经是箭在弦上，于是不再无动于衷了。他想到如果摩根真的与贝斯拉赫姆联手，他的处境就有危险了。在综合分析局势利弊之后，卡内基终于作出了决定：与摩根公司合并，但是条件是十分苛刻的——合并后新公司对卡内基钢铁资产的时价额以1美元比1.5美元来计算，这样算起来，卡内基就将大大地捞上一笔。

但是，就是这样的条件摩根居然都接受了。因为有一点是明确的，那就是摩根合并卡内基公司的目的是为了赢得高额的利润，也许正是基于利益的考虑，摩根才同意了谈判的协议。卡内基看准了摩根急于求成的心理，同时也看到了摩根的弱点，于是顺应他的要求，合并可以，但条件是苛刻的。这样，按照协议，卡内基的资产一下子从当时的2亿多美元上升至4亿多美元。

卡内基的行为看似非常软弱：当摩根采取第一步行动时，卡内基无动于衷；当摩根采取第二步行动时，卡内基未做任何抵抗就投降了。从事情的整个发展过程来看，摩根始终处于攻势，卡内基处于守势地位，并且还退了一步；但从结果来看，摩根虽然没有吃眼前亏，争得了面子，但事实上，是卡内基实实在在地前进了一大步。这场角逐中到底谁优谁劣，此时已经泾渭分明了。

事实上，如果一开始卡内基对于老摩根的攻击急于应对的话就中计了，老摩根会一点一点逼迫，让他自动缴械投降，而且还会趁机提出对自己有利的条件。而卡内基却按兵不动，不动声色地看着老摩根在那"折腾"。结果，等到老摩根筋疲力尽另辟蹊径的时候——在这个有利的时机提出自己的条件，还愁老摩根不乖乖地就范吗？

很多时候，我们都不需要和人斗一时之短长。对于他人咄咄逼人的气势，干脆先静观其变，找到合适的时机再出手，会收到意想不到的效果。这样的以退为进更易获取对方的信任。很多时候过分强调自己的目的，过分坚持自己的想法并不一定能取得预想的效果，相反，如果在身陷危难时刻恰当地采取一种明智的策略，把握好分寸，也许胜利就会属于你。沟通不是为了说服别人，而是要了解对方达到自己的目的，何必要逞一时之能呢？

心灵悄悄话

无论是做人还是做事，都要稳扎稳打，沉着应对。尤其是在遭遇困难的时候，一定要沉下心来，找出破绽，让冷静来主宰命运，切不可惊慌失措，盲目为之。

第三篇 稳扎稳打绝不冒进

小心谨慎是做事的原则

人生在世，难免会遇到这样那样的麻烦事，如果一个细节处理不好，就有可能影响到大局的安危与事业的成败。因此，小心谨慎是那些聪明人做事的原则。

战国时期，列子先跟随仙人壶丘子学道，后又师从老商氏，并与伯高子为友。传说列子修道九年之后，即能"御风而行"。在今天看来这些有点玄虚，但是从中可见列子当时的修行极高。后来，列子隐居郑国四十余年，修身养性，过着远离世俗的隐居生活。

在列子隐居郑国期间，他的生活穷困潦倒，常常食不果腹，脸上常带饥馑之色。一位他国的使者在郑国见到列子，看到列子生活的窘困状况十分吃惊，当他见到郑国的相国子阳后，对子阳说："列子是闻名天下的有道之士，居住在贵国这么长时间，生活这么穷困，作为相国，你难道不知道这件事情吗？这样的做法恐怕要被人耻笑了。"子阳听后忙问左右才知道郑国有列子这样一个人，而且生活确实十分穷困，于是就让手下的官员给列子送去了数十车粟米。

听说相国子阳派人送来了粮食，列子立刻出来迎接。列子说道："相国的心意我领了，但是我隐居于此没有为郑国做一点贡献，没有一点的功劳，我怎么可以接受相国的恩赐呢？还是请拿回去吧。"面对送粮的官员，列子再三拜谢相国的恩典，但是却始终不肯接受官员送来的粮食，无奈之下送粮官员只好作罢，并把此事禀报相国子阳。

送粮的官吏走后，列子的妻子问："为什么今天相国派使者送来的粮食你不接受呢？"列子对妻子解释说："因为一旦接受了别人的恩惠而不以死来报答他，这就是不义。如果接受了就要以死来报答，而子阳又是一个不义的人。以死来报答不义之人，则是死于无道。而死于无道是逆天的行为。况且，相国子阳对我并不了解，他只是听了别人的话才给我送来了粮食，今天他可以因为别人赞扬我的话给我送来粮食，明天他也可以因为别人的谗言而拿我问罪，这样的人送来的东西我能接受吗？我这样做是为了洁身自保，以防将来的不测啊。"

后来，果然子阳因不得人心而被忍无可忍的百姓杀死了，而列子做事小心谨慎的心态保全了自己的名节。

无独有偶，有一个尤翁小忍避祸的故事也深刻地说明了做事小心谨慎、关注细节、三思而后行的重要性。

长州有个大户，叫作尤翁，他开了一家非常大的当铺，每年有上万两银子入账，生活非常富有。这一年，将近年关，各家各户都忙着准备过年，家家张灯结彩，好不快活，尤翁家的当铺也高高地悬起了红灯笼，家里人忙里忙外，准备年货。

这天，尤翁正在屋内休息，听到当铺外面突然传来一阵争吵声，便走出去看。原来是一位邻居先是将衣服当了钱，现在却空手来取衣服。伙计与他讲道理，他反而骂人，两人便吵了起来。尤翁再看看那邻居一副气势汹汹的样子，丝毫没有退缩的意思。尤翁便让伙计去屋里找出那人曾经当过的四五件衣服，指着其中一件棉衣对他说："这件棉衣嘛，是冬天御寒不可缺少的，你拿回去穿吧。"接着又指着一件道袍说："这件嘛，过年的时候访亲戚朋友，穿的着，你也拿回去吧。至于其他几件不是急用的，可不可以先放在我这呢？"那邻居也不推辞，更不言谢，拿了两件衣服，默默地走了。

然而，就在当天夜里，这个人竟然死在了另一家当铺，他的亲属与别人打了多年的官司才得以了结。后来，人们才知道，那邻居因为欠了

很多债，无力偿还，于是，事先服了毒，准备去诈骗，如果人家不给他钱，他就赖在那里，直到毒发身亡，让对方吃官司。他首先想到的就是尤翁，他知道尤翁很富有，准备来诈他一笔钱，但是由于尤翁的忍让，他的目的没有达到，于是他便转到了另一家当铺。

有人问尤翁："您是怎么知道那人喝了毒药呢？"尤翁谦逊地答道："哪里，哪里，我怎么会事先知道他有这么一手呢。不过。就我的经验来看，凡是无理取闹的，他一定有所倚仗，如果我们小不忍就要遭到大的祸害了。"大家听后，都很佩服尤翁有见识。

从上面的故事我们不难看出，做任何一件事情都要谨慎地把它的前因后果、来龙去脉想清楚，切不可只看到眼前的小利而粗心地做出事后对自己不利的事情。

 心灵悄悄话

为人处世，小心谨慎，不可盲从是成功者一直推崇的办事原则。而任何一个有所成就或建功立业的人，在奋斗过程中，都会谨行慎思。因为，这样的人有着长远的目光，他们想得要比普通人更远，看得比普通人更高。

心急吃不了热豆腐

市场经济社会，竞争越来越激烈，人们压力也一天天增大。所以，人们在匆匆忙忙的都市生活中，适应了"快餐人生"。在这样的"快餐人生"中，大家都急匆匆地赶路，急匆匆地做事情。

看似有效地利用了人生，可是却忽略了人生的质量，实际上是在浪费人生。

人生中很多美好的事物，都需要我们静心去体会，才能够体味到其间的乐趣，乃至真谛。

在工作、学习之中，我们需要达到很多目标。这"目标"是维系人生的最基本元素，只有做到了这些，才能够顺利地在人生之路上跋涉。如果不能够沉心静气，我们最初的目的也难以达到，而沉着应对才可以把事情做得更好。

古时魏国的国君魏文侯在乐羊的帮助下攻打中山国的时候就是这么做的。

春秋战国时期，魏国国君魏文侯打算出兵攻打中山国，却苦于没有合适的带兵将领，于是让臣民举荐。有人推荐了文武双全的乐羊。但是却有人告诉魏文侯，乐羊的儿子乐舒正在中山国任职，让乐羊带兵不妥，于是任命也就暂时搁置了。

后来，魏文侯又听说乐羊曾经拒绝儿子乐舒邀请他去中山国的建议，还规劝乐舒不要辅助荒淫无道的中山国君，于是决定派乐羊为将去攻打中山国。

乐羊果然厉害，带领军队连战连捷、所向披靡，很快就打到了中山国的都城，然后他却把都城包围起来而不去攻打。

一连过去了几个月，乐羊还是按兵不动，魏国上下议论纷纷，大臣们请求魏文侯临阵换将的声音络绎不绝。不过魏文侯始终不为所动，依旧大力支持乐羊，还不断地派人去犒劳乐羊和他的军队。

乐羊依旧只围不打，最后，连乐羊的属下都忍不住了，有个叫西门豹的就询问乐羊为什么还不进攻，乐羊说："心急吃不了热豆腐，虽然我们现在有足够的实力去消灭中山国，如果只是为了一时之急，而不顾长远之计的话，今天的胜利必定会为明天的失败埋下伏笔。而今我只围不打，还宽限了中山国投降的日期，这样做的主要目的是为了让中山国的百姓看出谁是谁非，是向天下人证明我们是仁义之师，这样才能收服人心，根本与乐舒没有一点关系。"

又过了一段时间，等到中山国的都城里面人心浮动，乐羊才发动进攻，果然不费多大工夫就攻下了中山国的都城。战争结束后，乐羊留下西门豹处理善后事宜，自己领着人马回到了魏国复命。

魏文侯亲自迎接打了胜仗的乐羊，大摆宴席为他庆功，宴席过后，给了乐羊一只箱子，要乐羊回家后再看。乐羊回家打开箱子一看，吓出了一身冷汗。他发现里面全是在对中山国只围不打的时候，大臣们诽谤诬告自己的奏章。

如果魏文侯不理解乐羊的军事策略而听信了那些大臣的话，中途对乐羊采取行动，不但不能取胜，乐羊本人恐怕也将遭遇不测。但是魏文侯沉着冷静，面对群臣指责乐羊的时候，一如既往地支持乐羊，最终取得了成功。可以说是乐羊的冷静才能够使得他们取得战争的胜利，并且在很大程度减少了自己的损失。

面对中山国这块已经到了嘴边的"热豆腐"，倘若乐羊着急一口吞下去也未尝不可，毕竟对方几乎已是任人宰割的羔羊。只是如果急于把这块热豆腐吞进去的话，很可能会烫伤嘴，会使得眼前的美味也充满苦涩。乐羊在关键的时刻能够沉住气，围而不打，赢得了民心，扰乱了中山国的军心，实则为以逸待劳之举。其实，非淡泊无以明志，非宁静无以致远，持重守静乃是抑制轻率躁动的根本。

心灵悄悄话

　　奔跑的时候，我们总是会忽略身边的风景，我们总以为以奔跑的姿态才能够迎接曙光。可是，殊不知这样急迫的心态，可能会让我们看不清路边的风景，可能会让我们南辕北辙，更可能会让我们追逐一生，却碌碌无为。

办事一定要考虑周全

我们知道，一些职业球员合同到期前，往往就是他们向所属的球队谈论明年的调薪问题的时候。

一位年薪 50 万元的球员，来到经理的办公室，他期望明年拿到 100 万元的年薪。

经理说："以你的实力。我们球队原来只能付 40 万元，不过我想 50 万元还是值得考虑的，如今你要再调高 50 万元，恐怕不能，这件事情你我都应该好好地想想。"

球员说："100 万元也不算多。"

经理说："不，说 100 万元还是很困难的，不过，如果是 80 万元，我可以马上和你签约，怎么样？我们是不是彼此都考虑一下？"

球员回答说："既然如此，那就 80 万元，否则我是绝对不干了。"

这时经理叹一口气，表现出一副无可奈何的样子，然后道，"好吧！既然你这么坚决，我也只好认了，就 80 万元吧！"

于是，球员便以年薪 80 万跟球队续了约。

球员走后，经理笑了。因为，这个球员值得球队为他开出 100 万的年薪。

故事里所说，虽然对方要求 100 万元，经理只给了 80 万，如果球队冷静思考的话，一定会觉得这个范围表明有商量的余地。但球员还是签了合同，因为，经理给队员设了个"局"——他给队员的只有 50 万元和 80 万元的选择范围。

世界上的事情是复杂的，在某种特殊情况下，这是一种战术，也许你会认为这种方式太过于狡猾，但你如果看了下面的故事不知你会如何想。

在我们的生活和工作中设局的方式有很多，其中诱导就不失一种好的方法。

刘强是一家公司的销售部经理，同时他也是非常优秀的心理诱导者，他往往在会议一开始的时候，就先提出会议大纲，然后告诉职员："这是我的意见，剩下的你们自己讨论吧。"说完就去忙其他事，等大家讨论完后，他过来看看，说："就按讨论结果执行吧！"大家当然很高兴，因为大家觉得这是自己讨论的结果。然而，他的目的就这样达到了。其实，大家的讨论都是依照大纲进行的，归根结底还是他的构想。

聪明的人最懂得如何布局，以助自己办事成功，下面这位新厂长不但是"设局"的行家，更是一位引对方入"局"的高手。

刘丽被聘任为厂长。虽然她有自己一套独特的管理方法，但在专业技术方面并不是很强。因为前任厂长在专业技术方面很精通，又与工人相处了很多年，既有感情，也形成了一种习惯，所以工人们不太愿意接纳这位女厂长。

刘丽到任后，准备的一系列改革方案，根本得不到工人和基层领导的配合，而且大家好像也在躲避她，看她过来后就远远地躲开。

怎样才能凝聚这个团队的向心力，让大家配合改革方案的落实呢？刘丽厂长努力地思考着解决的方法。于是，她精心布了个局。

她先是经常带点小礼物，去基层领导家拜访，和他们及其家人谈天论地，后来几乎是无话不谈。

接着，她开始把自己拜访的范围扩大到那些在厂里有凝聚力和影响

第三篇　稳扎稳打绝不冒进

力的人。她向他们打听每一个员工的特点、个性以及家庭情况，而自己也一一记下。

后来，她开始在厂区四处走动，见到每个人都上去打招呼。当然，她的招呼也打得与众不同，比如，见到品管员杨阳，道："伯父的腿好点了吗？我爸也是老寒腿吃了好多药都不见效，后来还是用偏方治好的，回头我给伯父问问。"这里说的伯父就是杨阳的父亲；她知道库管的刘小姐正要搬新家，见到她，就说"小刘，什么时候搬新房子啊，到时候别忘了请我呀！"；见到办公室的文员，她说："小张的男朋友长得很帅气，看起来生格不错嘛。"；见到技术科的小王时说："听说你儿子的成绩特好，和你一样聪明吧？"……

基层员工受到领导的关注和夸奖，当然感觉非常开心了。就这样慢慢地，工人们不再躲避她，并开始主动和她打招呼了。没有多久，她就融入了团队，改革措施也得到了顺利的实行。

刘丽非常了解自己的目的——实施改革。接着为这个目的作了一系列的努力，一步一步地引领对方向着自己的办事目的走，让工人们自觉地配合自己的计划，达到了自己的目的。

心灵悄悄话

我们在办事的时候，一定要全盘运筹，哪一步怎么走，哪一种事怎么做，要达到什么目的，采取什么方法，都要谋划好，这样才能将事情顺利而又有条理地办好，最终达到办事成功的目的。

做事要先谋定而后动

　　冲动是人的一种情绪反应，理性控制薄弱的心理现象。它往往与鲁莽如影随形，其特点是遇事不够冷静，听不进别人的话，易动肝火，急于表态，轻易决策，不计后果。其实，当某种既发的事情已经形成，而促使你忧愤、伤心时，需要的是更多的冷静，而不是冲动。因为只有接受现实、冷静分析才能采取正确的应对措施。

　　三国蜀主刘备，听说义弟关羽被东吴杀害，悲愤交加，发誓要为关羽报仇，他要起兵伐吴，此时，他完全被自己悲伤和冲动的心态所控制。

　　三国鼎立，从大局来看，魏国强大，蜀吴弱小，只有连吴抗魏，才能长治久安。

　　赵云劝刘备说："现在的国贼是曹魏，并不是孙权。曹操虽然死了，但曹丕却篡汉自立为帝。陛下你不应该讨伐东吴。倘若一旦与东吴开战，战争就不可能立刻停止，别的计划就不能实施。望陛下明察。"

　　赵云的这番话颇有道理，确实是审时度势之言，然而，刘备却对赵云说："孙吴杀害了我的义弟，还有其他忠良之士，这是切齿之恨，只有食其肉而灭其族，才能够消除我心中的仇恨。"

　　赵云又劝说："曹魏篡汉是大仇；兄弟之间的仇恨是私恨。希望陛下以天下为重。"

　　刘备已完全失去了理智，完全失去了审时度势的能力，道："我不为义弟报仇，纵然有万里江山，又有什么意思呢？"

　　结果大家都知道，冲动不仅让刘备尝到了失败的滋味，而且，还因此一病不起。一个人有七情六欲是完全正常的，这也是人之为人的特征。然而，刘备却忘了"三思而后行，谋定而后动"这副克服冲动的最佳良药，对复杂多变的形势作出错误的分析和判断，使事情被带入更复杂、更被动的情境之中。

　　三思而后行，思考些什么？思考发生问题的根源是什么，导致问题的诱因是什么。只有当这些问题的正确答案都找到后，才能考虑解决的方法。问题的发生是很多原因导致的，其背景是复杂的，单凭直觉很难得出正确结论，况且还有被人制造假象，提供虚假线索的可能，一不小心就有误入歧途的危险。所以，思维必须要精细缜密。

　　三思以后，在解决问题的方案上，还要再考虑，这就是"谋定而后动"的道理。谋就是计划、方略，是解决问题的方针和策略。只有行动方针确定了，才能采取行动。这种行动方针是经过思考的，而不是那种本能冲动型行动。

　　曹操平定了青州黄巾军后，声势大振，有了一块稳定的根据地，于是他派人去接自己的父亲曹嵩。曹嵩带着一家老小四十余人途经徐州时，徐州太守陶谦出于一片好心，同时也想借此交好曹操，便亲自出境迎接曹嵩一家，并连续两日大设宴席热情招待。一般来说，事情办到这种地步就比较到位了，但陶谦还嫌不够，他还要派兵五百护送。这样一来，好心却办了坏事。护送的这批人原本是黄巾余党，他们只是勉强归顺了陶谦，他们看见曹家装载财宝的车辆无数，便起了歹心，半夜杀了曹嵩一家，抢光了所有财产跑掉了。曹操听说之后，虽然咬牙切齿道："陶谦放纵士兵杀死我父亲，此仇不共戴天！"但他并不是一时冲动，因为，他虽然有杀陶谦之心，而更有图徐州之意。

　　当曹操率军攻打徐州报仇雪恨之时，吕布率兵攻破了兖州，占领了濮阳，威胁到了曹操的后方。如果曹操被复仇的心态所左右，那么，他一定看不出事情的发展趋势，也察觉不出情况的危急，就如同刘备伐吴一样。但曹操毕竟是曹操，他是一个十分冷静沉着的人，也是一个非常会控制自己心态的人。正因为如此，他立刻便分析出了情况的严重性，于是，曹操便放弃了复仇的计划，拔寨退兵，去收复兖州了。

将曹操的遭遇与刘备的情况进行比较，不难看出，刘备仅死了一个义弟关羽，曹操却死了一家老小四十余人，曹操的恨应该更大更强烈。然而，曹操却作出了正确的决定。与曹操截然相反，刘备伐吴的计划完全建立在复仇心态之上，因此，其失败是注定的。从某种角度我们可以这样说，一个人是能够成为云中龙还是草中虫，是大龙还是小龙，不仅仅是看他有无志气，还要看他在事处关键时，是否拥有冷静的心态。

冲动往往与鲁莽是如影随形的，由于缺乏理智，对自己常常不利，甚至会产生严重的后果，所以，人们遇事应冷静思考。问题发生时沉着镇静，不急于立即采取行动，而是要静下心来冷静地想一想。因为，越忙就越容易出差错。如果事先没有考虑好，路子没走对，反而会耽误时间。解决问题也是这样，一个问题可能会有许多解决方案，其中肯定有一个最佳方案。所以，谋定就是要找到最佳方案。

心灵悄悄话

凡是冲动型的人，一定要认识到自己的莽撞行事往往会带来更多更大的麻烦。要时刻记住王蒙的话："在任何处境下保持从容理性的风度。心存制约，遇事三思，留有余地。"让自己成为有勇有谋的人。

第三篇　稳扎稳打绝不冒进

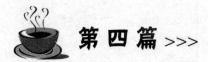

第四篇 >>>

汗水浇开成功之花

浮躁的人在人生低谷时也想着早早地走出来，可是他们却不能定下心来，他们总是左顾右盼，不肯下功夫，以至于最后发现自己还在原地踟蹰，而唯有脚踏实地的人，在人生攀登的路上才能走得稳，爬得高，且更快地摘取成功的果实。

我们发现快乐的人都是那么优雅。事实上，优雅的举止人人都可以获得。当我们对于自己的一言一行十分在意的时候，一个人的优雅就很自然地产生了。优雅使一个人从容大度，带给人的快乐无处不在。

脚踏实地，步步为营

许巍的一首"浮躁"，唱出了多少人心里的真实感受？在这个经济时代，我们每个人都梦想自己能振翅高飞，出人头地，最大化地实现自己的人生价值。也正因为如此，太多的人显得过于浮躁。我们忘了，达到目标的基础，恰恰是脚踏实地，一步一个脚印地走来。

有一个年轻人，毕业于名牌大学，应聘进一家公司工作时，正好公司出现变故，一些老职员因故集体跳槽。这个年轻人自告奋勇要担任策划部经理，他觉得自己有能力力挽狂澜。老总一时束手无策，加上他吹嘘得很厉害，把自己的能力夸到无限大，也只好暂时接受了他的请求，聘任他为策划部经理。

年轻人开始梦想着用自己非凡的才能，在公司独当一面，创造丰富的利润，同时也实现他的价值，然后他将在事业上平步青云。

但是他高估了自己的能力，没有从底层一步一步走过来的经历，没有积累必要的经验，面对客户的要求，他轻易承诺下来，草率地签了合同，却找不到得力的助手协助他一起完成。谈判、策划、设计等一系列的事搞得他焦头烂额。

后来任务完成得非常糟，用老总的话来说，就一个字"烂"。合同到期，客户看到这样的作品，宣称要和他们打官司，否则就让他们赔钱。

本来公司就处在危机中，他这一举动无异给公司雪上加霜，气得老总叫他立马"走人"。然后，老总想办法把原来的老职员招回来，重新

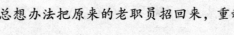

第四篇　汗水浇开成功之花

111

把公司推到正轨上去，才挽救了公司。

这个年轻人这才明白，好高骛远、急功近利是很难真正把事做好的。他的第一份职业是经理，可这份职业却成了他最具讽刺的"经历"。

"每当我想往高处飞翔总感到太多的重量，远方是一个什么概念如今我已不再想，在每一次冲动背后总有几分凄凉……"

在职场上，可能每个人都想升职，成为人上人。但很多人不是好高骛远，就是不择手段。然而，社会往往会用残酷的现实来告诉我们，靠这样的方式很难得到真正的成功，就是成功了，也会如昙花一现。

查理·贝尔出生于一个贫困的家庭，15岁的时候，他去了一家店里打工。15岁对于每个人来说，还是一个懵懂的年龄。但是，15岁也是一个懂事的年龄，已经开始明白"理想"是何物，已经有了自己对未来模糊的憧憬。

查理·贝尔也不是没有理想，但当时他的处境让他考虑的不是发展，也不是为自己设计多么辉煌的未来，他只是想有一份工作，挣钱生活。

他的第一份工作是打扫厕所，是那种最底层又脏又累的杂役类劳工。贝尔对待工作很认真，把自己的分内工作扫厕所做完了，还做其他的杂事，比如擦地板，给其他正式员工打下手。

贝尔的勤奋和踏实，让他的老板看在眼里。没过多久，老板让他签了员工培训协议，让他进行一次正规的职业培训。培训结束后，又让他在店内各个岗位进行锻炼。贝尔经过几年的锻炼，很快获得了生产、服务、管理等一系列工作经验。19岁时，他就被提升为店面经理。

这就是踏实带给贝尔的最大成就。如果一开始他就很浮躁，或是急于求成，也许将不会再有后来的那个查理·贝尔了。也许在那个年龄的他，也意识到踏踏实实走好每一步，会带给他丰厚的回报。所以他坚持了这种工作作风，并且坚持了一生。

贝尔不但踏实地学习、工作，而且还常常用心研究业务和顾客的消费规律。他总和员工们一道亲自去做站台服务、接待顾客之类的小事。在他担任澳大利亚分公司副总裁期间，他把公司的连锁店从388家扩展到683家。

贝尔后来的路走得越来越顺，27岁成了公司澳大利亚分公司的副总裁，29岁成为公司董事会成员……43岁，他成为总公司的总裁兼首席执行官。

你知道理查·贝尔供职的是哪家公司吗？它就是众所周知的快餐连锁店麦当劳。贝尔是知名餐饮业中唯一亲自站柜台的董事长，也是一个从最底层一步步踏实走上去，最终晋升为知名公司的最高层领导人。踏实做人，他是一个典范。

这个世界有很多一夜暴富或是一夜成名的人，他们的"成功"，刺激着更多年轻的人，也令"浮躁"一词开始盛行于世。可是越是没有通过踏实努力所获得的成就，越容易失去。

每一幢房屋的修建，都离不开打地基。没有地基的房屋，建得越高，危险越大。在摇摇欲坠的过程中，不知道哪一天就会轰然倒塌。人生也是如此，也需要打好基础，才能走得沉稳。就像房屋需要打下坚定的地基一样，不管你从事什么行业，踏实走好每一步，都是在为自己的梦想夯实"地基"。

美国飞机设计家道格拉斯曾这样说：当设计图纸的重量等于飞机时，飞机就能飞行了。这句话告诉我们的道理就是，做事要踏实，要付出，要努力。踏实会让人厚积薄发，使人梦想中成功。

踏实是一种良好的品质，有了这种品质，不但可以让人向着梦想走去，而且，真的实现自己梦想的那一天，也不会因为根基不稳而栽倒。

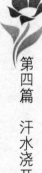

第四篇 汗水浇开成功之花

朝如青丝暮成雪

如果没有踏实，哪怕你轻松就坐到了高层，却很容易出现"屁股还没坐热"就让你走人的情景。

心灵悄悄话

　　每个人都会有梦想，谁都想一飞冲天，然后站在辉煌的尖端俯瞰芸芸众生。但是，展翅飞翔的前提，是要先踏实，先有坚硬的翅膀。通过不懈的努力，踏踏实实地走好每一步，只有这样才能让你振翅飞翔时更有力量，才能让你最终稳稳地站在事业的巅峰。

好高骛远难成事

有些人总是有很高的梦想，他们不屑于眼前的这些小事。旁人在他们眼中，也大多是一群庸庸碌碌之辈，谈不上有什么共同语言。但在最初交往时，人们往往会被他们表面的雄心壮志所迷惑，老板也会认为他们是难得的栋梁之材。

而事实上，他们眼高手低，大部分时间都沉浸在自己宏伟的梦想中，却不懂得从低点起步，用实际行动来证明自己。长此以往，他们不能也不会做出什么成就，曾经的雄心壮志难免会变成同事们茶余饭后的玩笑。除非他们幡然悔悟，奋起直追，否则，等待他们的往往是慢慢沉沦，或者跳到其他的公司去继续发牢骚，即使这样，同样的悲剧也难免再次上演。

小晗毕业于某大学外语系，她一心想进入大型的外资企业，最后却不得不到了一家成立不到半年的小公司栖身。心高气傲的小晗根本没把这家小公司放在眼里，她想利用试用期"骑马找马"。

在小晗看来，这里的一切都不顺眼——不修边幅的老板，不完善的管理制度，土里土气的同事……自己梦想中的工作可完全不是这么回事啊。"怎么回事？""什么破公司？""整理文档？这样的小事怎么让我这个外语系的高才生做呢？""这么简单的文件必须得我翻译吗？""就一篇小报告而已，为什么自己不写，非要我帮忙呢？""噢，我受不了了！"

就这样，小晗天天抱怨老板和同事，双眉不展、牢骚不停，而实际

的工作却常常是能拖则拖，能躲就躲，因为这些"芝麻绿豆的小事"根本就不在她思考的范围之内，她梦想中的工作应该是一言定千金的那种，现实距之为什么那么远呢？

试用期很快过去了，老板认真地对她说："我们认为，你确实是个人才，但你似乎并不喜欢在我们这种小公司里工作，因此对手边的工作敷衍了事。既然如此，我们也没有理由挽留你。对不起，请另谋高就吧！"

被辞退的小晗这才清醒过来，当初自己应聘到这家公司也是费了不少力气的，而且，就眼前的就业形势，再找一份像这样的工作也很困难啊。初次工作就以"翻船"而告终，这让小晗万分失望与后悔，可一切都已晚矣！

职场中还有一些人则与小晗不同，他们也有很高的梦想，但他们不会每天都深陷于幻想中难以自拔，他们会制订好切实可行的计划，从现在的工作开始做起，从一点一滴的小事做起，并这样毫不松懈地坚持下去。他们知道除非是他们努力把事情做成，否则什么也不会发生。就这样，他们一步步地默默努力着。即使原本起点很低，但一天一点进步，就会慢慢缩短与目标的差距。终于有一天，他们晋升成为公司的骨干，所有人都不禁会大吃一惊，但仔细回想，这一切其实纯属正常，毕竟天助自助者。梦想对于他们，已经变成了活生生的现实。

李妍大学一毕业就去了南方，然后顺利地在一家跨国公司找到了一个职位。上班的第一天，李妍就发誓要让自己成为公司里的不可缺者之一。

李妍负责的工作是档案管理，资源管理专业出身的她很快就发现了公司在这方面存在的弊端。她开始连夜加班，查阅大量资料，运用所学的理论知识写出一份系统的解决方案，并将公司内部工作运行流程、市场营销方式以及后勤事务的规范，也整理出一套完整的方案，然后一并发到行政经理的电子信箱中。没过几天，行政经理就请她到公司的餐厅喝咖啡，离开时语重心长地拍了拍她的肩头："公司对勤奋的人，向来是给予足够的空间施展才华的，好好努力。"

李妍更加努力工作。公司想竞标一个大商厦周围的霓虹灯方案，同事们整天翻案例找朋友，忙得焦头烂额。李妍白天做自己分内的工作，晚上却通宵不眠熬红了眼做方案文书。竞标前一天交方案时，李妍去得最晚，行政经理不解："你们部门已经交来了。"李妍充满信心地看着他说："这是不一样的"，竞标的当天，各种方案一下子被否决掉好几份，公司高层开始紧张，决定试试李妍的方案。这一试让李妍为公司立下了汗马功劳。

第二天，消息就传遍了整个公司，大家都知道了人事资料管理科有个叫李妍的人很出色。一个月之后，公司人事大调整，原来的部门经理调到别的部门，新来的行政任命文件上赫然印着李妍的名字。在同事们复杂的眼光里，李妍收拾好自己的东西，迈着自信的脚步走进了 18 层那间豪华的办公室。

想一想你周围的人们，像小晗或者李妍这样两种截然不同的人应该都不在少数。也许你会对那些刚开始豪情万丈的人充满由衷的向往，忍不住在心中勾画起自己的蓝图来。这样做是没有错，每个人都应该有自己的理想，但理想一定要切合实际，更重要的是，你要做好行动的计划和准备，要通过自己的努力实现理想。

因此，那些像蜜蜂般踏实工作，并取得了一定成绩的人才是真正值得我们去学习的。毕竟，每个人来公司都是要做一些事情，只有空想是不行的，如果每天都沉浸在自己的梦想中，以至于耽误了正常的工作，想做的还做不到，该做的又不去做，老板会继续需要你吗？同事们会视而不见、毫无怨言吗？

当人们抱着过高的目标接触现实环境时，感到处处不如意，事事不顺心，于是就整天地抱怨。其实在做事时，你首先要做的是根据现实的

环境调整自己的期望值，即使你给自己定位很高，但做起事不妨把自己放低一点，做好上级交给的各种任务，甚至主动完成额外工作。

心灵悄悄话

千里之行始于足下，只有辛勤耕耘才会有所收获。再宏伟的梦想，也经不住尽说不做；因此做事一定要脚踏实地，坚决杜绝眼高手低。

做一件事就把它做好

一个人在做事的时候，就应当将自己职责范围内的事情做好。不要认为自己不去做，别人就会来做，也不要觉得自己不负责任，别人就不会发现，不会对整体有任何影响。因为你在信守责任的同时，也是在信守一个人的人格与道德。

在铁路局工作的亨利是一名火车后厢的刹车员，由于他很聪明、和善，以及脸上经常带着微笑，而赢得了旅客们的欢迎。

在冬季的一个夜晚，突然下起了一场暴风雪。导致火车晚点了。亨利也抱怨着，因为这场暴风雪，迫使他不得不在这样寒冷的冬夜里加班。就在亨利正想着如何才能够逃脱夜里的加班时，另外一节车厢中的列车长与工程师，已经开始对这场不期而至的暴风雪警惕起来了。

这个时候，在两个车站中间，狂风吹掉了其中一列火车发动机上的汽缸盖，必须临时停车。但是另一辆快车又必须拐道，几分钟之后就要从这一条铁轨上驶过。列车长立即跑来，让亨利提着红灯去后边。亨利心想，后车厢还有一名工程师与助理刹车员在那里守着呢。于是，就笑着对列车长说："不必那么着急，后边还有人守着呢，等我取来外套就去。"列车长十分严肃地说："1分钟也不能等了，那列火车马上就要开过来了。"

亨利微笑着说："好的！"听了他的答复以后，列车长又急忙奔向前面的发动机房。

不过，亨利并未马上动身，他觉得后车厢内有一名工程师与一位助

理刹车员在那里替他扛着这项工作，自己就不用冒着严寒与危险快速地奔向后车厢了。于是，亨利停了下来，喝了几口小酒，暖了暖身子，这才吹着口哨、不慌不忙地走向后车厢。

没想到，亨利刚刚走到距离车厢还有十几米远的地方时，就发现工程师与那位助理刹车员根本就不在那里。原来列车长早已让他们到前边的车厢，处理另外一个问题了。亨利赶紧快速地向前跑去，可一切都来不及了。就在这可怕的一刻，那辆快车的车头就撞到了亨利所在的这列火车，受伤乘客的嘶喊声和蒸汽泄漏的嗞嗞声，混杂在了一起。

事后，当大家再去找亨利的时候，他已经失踪了。就在几天之后，人们在一个谷仓中发现了他。这时，他已经疯掉了。他看上去傻傻的，嘴里还不时地叫喊着："啊，我本该……"

人们只好将亨利送回了家，接着他又被关进了疯人院。

责任并没有大小之分，哪怕是一丝一毫的不负责任，都会造成车毁人亡的惨剧。所有的工作岗位都是非常重要的，任何人在任何时候，只有存在一点不负责的行为，都有可能给企业造成巨大的损失。

现今，企业间的竞争愈来愈激烈，任何员工的一点疏忽，都有可能会导致整个公司蒙受到巨大的损失。因此，几乎所有的企业管理者，都非常重视培养员工的责任感，只有具有较强责任感的员工，才能获得管理者的信任，同时也会为自己在通往事业成功的旅途上，奠定坚实的人格基础。在责任面前，根本容不得半点马虎，我们只有信守责任，才能够做好一切。

有一道智力题，大家都应该很熟悉，题目是：树上一共有10只鸟，一个猎人开枪打落1只，问还剩几只？答案当然是1只都不会剩下。如果将这道题引用到公司管理中，也会得出相同的结论。就公司对客户而言，一名员工的不负责任，会令客户对整个公司员工的服务产生怀疑。这就说明，一名员工的不负责任，将会影响到公司内所有的员工，进而影响到整个公司的客户群。就产品质量而言，更是如此，这就是"10

－1＝0"法则。

试想一下，一个缺乏责任感的员工，怎能指望他为客户提供优质的服务呢？又怎能为公司树立良好的形象呢？在公司中，如果一名员工没有责任感，那么他所影响的不仅仅是他自己，而是整个公司，这也正是许多公司，将责任融入员工的日常生活中去的原因。一名员工若没有认识到责任对于他，乃至整个公司的重要性，那他就没有资格继续待在这家公司，因为员工的不负责任将会让公司的形象受到损失。

某大型跨国公司的总裁，想提拔一位刚刚毕业的青年，打算让他先去欧洲进行为期两年的培训，等到回来之后再重用。因为这个人对于业务方面的知识，掌握得非常熟练，工作尤为努力，在待人接物方面也很有礼貌。总裁觉得他非常有前途，是一个可塑之才，所以才决定派他去海外接受培训。

不过，就在他要启程去欧洲接受培训的前几天，总裁不经意地走到了这个青年的身后。他看见那个年轻人，故意将掉于路当中的垃圾踢向了一边，而不是顺手捡起来丢入垃圾筒中。这只不过是举手之劳啊！此后连续几天，总裁都刻意观察这个年轻人的行为。他又发现，在吃过午饭后，该青年并未把餐具放于指定的位置。因此，总裁立即作出了决定，更改了原本打算送去海外进行培训的人员名单。因为总裁认为，这样一名不能自觉遵守最基本的日常准则，甚至是毫无公德心的员工，又怎能成为一名优秀的领导者，怎么可能会对一家公司高度负责呢？

越来越多的员工只管上班不问贡献，只管接受指令却不顾结果。他们得过且过、应付了事，将把事情做得"差不多"作为自己的最高准则；他们能拖就拖，无法在规定的时间完成任务；他们马马虎虎、粗心大意、敷衍塞责……这些统统都是做事不负责任的具体表现。

其实，一个人是否具有责任感，并不只是体现在大是大非面前，更多的是体现在各种小事与细节中。一个对小事都不想负责的人，又怎么

能担当起更大的责任呢？一个对待工作不谨慎、不细心、马马虎虎、大大咧咧的职员，又怎能够圆满地完成上级布置的任务呢？

有一名在服装厂工作的业务员，为厂里订购了一批羊皮，在合同中写着："每张大于 4 平方尺、有疤痕的不要。"但需要注意的是，其中的顿号本来应该是句号。结果却让供货商钻了空子，发来的羊皮都小于 4 平方尺。让订货者自己吃了个哑巴亏，损失也十分惨重。

"粗心、懒散、马虎、草率"等这些字眼，正是对工作不负责任的精准描述。有许多这样的员工，就是因为工作时的粗心大意而失去工作的。请务必牢记，只有那些不需要他人监督，而且具有坚毅与正直品格的人，才能够改变世界，才能够拥抱成功的未来。

心灵悄悄话

把每一件事做好是每个员工最起码的工作准则，也是一个人做人的基本要求。只有做事做到位，你才能提高工作的效率，才能获得更多的发展机会，才能在自己的职业生涯中获得成功。

勤奋是成功的法宝

天道酬勤，命运总是掌握在那些勤勤恳恳工作之人的手中，努力不一定成功，不努力肯定不能成功。成功的人之所以成功，就是因为他们比别人更加勤奋、更加努力。

赵本山在"艺术人生"中说，"我不是一个很自信的人，不是一个才华横溢的人，我觉得在艺术道路上勤奋最重要。"

翻一翻一些大人物的传记，你就会发现，大多杰出的发明家、艺术家、思想家以至于领袖人物，他们的成功在很大程度上归功于非同一般的勤奋和持之以恒的毅力。

丘吉尔在第二次世界大战期间每天工作 16 个小时；周恩来总理在大多数情况下每天只有 4 个小时的睡眠时间；被誉为"铁娘子"的撒切尔夫人更是有着过人的精力，她很少度假，每天睡眠不超过 5 个小时，她从低微的下层工作开始，完全靠自己的奋斗获得了成功。

在很多人看来，勤奋只是平庸无能的人赖以生存的法宝，而当今社会是一个"智慧为王""创意为王"的时代，只靠勤奋未必就能取得什么成绩。其实，勤奋并不仅仅是指体力的投入，还包括脑力和感情的投入。勤奋未必一定能成功，但是，如果一个人不去勤奋做事，那是一定不会成功的。

比尔·盖茨被人们公认为天赋极高的人，但如果没有勤奋，他也不会有今天的成就。在微软人看来，比尔·盖茨是个超级工作狂，一工作起来就废寝忘食、不分昼夜，平均每天都要工作十几个小时。

自警

当年，在他还是哈佛大学的学生时，为了给 ALTAIR 型计算机研制 BASIC 语言，他和保罗·艾伦就曾经在哈佛阿肯计算机中心没日没夜地干了八周，终于为 8008 配上了 BASIC 语言，开辟了 PC 的新时代。

比尔·盖茨说："公司的员工应该具有勤奋的美德，无论在什么情况下，都不能丢掉勤劳苦干而去等待好运的降临。正因为微软有很多勤奋的工作狂，才有了微软的霸主地位。"

人生中任何一种成功的获取，都始于勤，也成于勤，勤奋是成功的根本。一位成功人士曾经说过："我不知道有谁能够不经过勤奋工作而获得成功。"

勤奋是一个人的财富，它是点燃智慧的火把，即使你资质平平，只要勤奋地工作，也能弥补自身的缺陷，最终事业有成。

韩红是当今中国极具影响力的实力派歌手，她最初是作为文艺兵被特招进部队的。但是最初的十几年里，她一直在电话机前度过，虽然不远就是欢声鼎沸的卡拉 OK 厅，但是军纪严明的女兵们并不能走进那里。喜欢唱歌的韩红在最初入伍的几年里，总是有事没事地唱上几句。

无奈和遗憾之余，韩红开始阅读各种书籍，同时也开始了自己的创作生涯，她写了各种体裁的文字，如小说、诗、剧本等。在部队这些平淡的日子里，韩红做了许多对以后走上歌唱道路有帮助的事情。

当时，生活清贫的她没有钱买录音带，她就买些空白的带子请别人复制。听完毛阿敏、苏芮等著名歌星的歌以后，她用省吃俭用的钱买了音乐教材和吉他，没有想到的是，她已经能够弹出一些和谐的音符，后来有幸摸到钢琴，她也一样弹奏出了流畅的歌曲。

在音乐方面，她的确有过人的天赋，但遗憾的是，歌舞团依旧不要她，她只能选择去歌厅唱歌。

走过了 10 年之后，一天，中央电视台的半边天节目主持人张越走进了歌厅。她不经意间被某个独特的歌声所吸引，女主持人抬头很认真地打量了一下台上的歌手，非常有实力的韩红这才被注意到，而此时的她正忘情地唱着她的《雪域光芒》。

颇有见识的张越就在那一刻被吸引住了，也被震撼了，她当即拍板作了决定。不久，韩红第一次作为嘉宾，与张越面对面，走进了中央电视台的直播间，这一切都发生在1998年。

被挑选入伍的韩红文化程度并不高，但是她知道课堂不是获取知识的唯一途径，只要勤奋，一样可以取得知识。于是她选择了自学，短短几年的工夫，她先是拿到了中央音乐学院的录取通知书，在此后的几年，解放军艺术学院又向她敞开了艺术的大门。

走过了那些晦涩暗淡的日子，韩红迎来了自己人生的光明，成为大家公认的中国内地实力派女歌手。

提及自己成功的人生经验，韩红这样说道："人生如登山，而我只不过才登到五分之一处，接下来仍需要努力、努力、再努力！"

投身军旅的韩红，比起其他的同龄人，机会更少一些。但是，在没有得到命运的眷顾时，勤奋的韩红，却有着比别人更多的努力。她用自己的勤奋为自己创造了别人没有的机遇，也用实力证明了自己拥有抓住机遇的能力。在音乐方面，她的确有着过人的天赋，但是，她的成功更是她努力和勤奋的结果。

"勤"和"苦"像一对恋人，总是如影随形。一切天才的成功和幸运总是以勤奋为前提的。勤奋，不仅意味着吃苦和实干，而且意味着百折不挠，持之以恒，只有这样，才能够叩响成功的大门。"业精于勤，荒于嬉""勤能补拙"，这其中的道理对于任何人来说都是适用的。

天道酬勤，勤奋就是从一无所有到名利双收的法宝，勤奋将成功变得如此简单，又如此美丽。不管你是否具有天赋，如果你想成功，勤奋就是你成功路上必不可少的一项重要因素。

自警

　　勤奋是一种永远都不会过时的美德，保持勤奋工作的态度，你就会取得出色的业绩，就会得到老板的赏识。世界上没有任何东西可以比得上甚至代替勤奋的意志，唯有勤奋才能成全你的人生和事业。

心灵悄悄话

　　无论做什么事，勤奋是必需的，勤奋不能保证事业一定成功，但勤奋的结果却一定丰富，因为在勤奋过程中的不辞辛苦，已经使我们获得了生命中最宝贵的经验。

比别人多努力一点点

一个人能否改变自己的命运，能否做得比现在更出色，能否实现自己的理想，更多取决于自己的努力。只要努力了，就能走在别人的前面，就能最先领略到成功的滋味。不要小看一点点的努力、一点点的进步，成功与失败之间，往往就只差那么一点点。

小磊是公司升职最快的一名员工，进公司不到一年，就当上了市场部经理。

小磊成功的秘诀就是每天比别人多做一点点。每天，他都是第一个来到公司上班，而晚上却是最后一个离开。每当老板加班想要找人帮忙时，就只能找他。时间一长，老板似乎已经习惯了他的存在，有什么事情的时候，自然先想到他。

有些顾客往往会在工作时间以外往公司打电话，这时，能够接听电话的也只有他一个人。时间长了，他不知不觉地积累了一批铁杆客户，当一个个客户直接走到办公室找小磊时，他的同事们都感到非常惊奇。

27岁的时候，小磊成了公司里的二号人物。别人向他请教成功的经验，他总是会说："其实也没有什么，只不过我比别人更勤奋了一点儿，比别人更努力了一点儿，仅此而已。"

对于大多数人来说，所能做的就是努力工作。你做得越多，得到的也就越多。每天比别人多努力一点点，慢慢地你就会成为领头羊。其实，成功和失败也就只差那么一点点，小磊比别人多努力了一点儿，他

第四篇 汗水浇开成功之花

就顺利地成功了。

无数事实证明，勤奋永远是成功的"敲门砖"。在工作中，与其花精力考虑怎样去应付老板，不如花相同的精力努力完成工作，小聪明可以骗得过老板，却骗不了我们自己，要知道我们的每一分付出都是在给自己积累财富，保持勤奋的工作态度，你就会得到他人的称许和赞扬，就会赢得老板的器重，只要你愿意在工作上比别人勤奋多一点点，成功就会向你招手。

1901 年，美国历史上产生了第一个年薪百万美金的高级打工仔，他就是施瓦伯。施瓦伯出生在美国乡村，只受过很短的学校教育。18 岁那年，家中一贫如洗，他来到钢铁大王卡耐基所属的一个建筑工地打工。一踏进建筑工地，施瓦伯就抱定了要做同事中最优秀的人的决心。当其他人都在抱怨工作辛苦、薪水低而怠工的时候，施瓦伯却默默地勤奋地工作着，一边积累着工作经验，一边自学建筑知识。

不少人都在讽刺挖苦施瓦伯，对此，施瓦伯说："我不光是在为老板打工，更不单纯为了赚钱，我是在为自己的梦想打工，为自己的远大前途打工。我们必须勤奋工作，不断提升自己。只有这样我才有机会得到重用，才能获得机遇！"

夏夜的一个晚上，在同伴们打牌闲聊的时候，施瓦伯又像往常一样躲在角落里看书。正好被到工地检查工作的公司经理发现，他看了看施瓦伯手中的书，又翻开了他的笔记本，惊讶地看着眼前的这个人。第二天，他把施瓦伯叫到办公室，问："你学那些东西干什么？"施瓦伯说："我想我们公司并不缺少打工者，缺少的是既有工作经验、又有专业知识的技术人员或管理者，对吗？"经理点了点头。不久，施瓦伯就被升任为技师。后来，施瓦伯一步步升到了总工程师的职位上。25 岁那年，施瓦伯就做了这家建筑公司的总经理。

一次在普林斯顿大学的演讲中，施瓦伯诚恳地谈了自己对工作的感受，他说："要想成功，最最重要的莫过于将工作看作理所当然的事。

如果你非要做个贪婪者的话，那就做个贪婪工作的人吧。"

每个人都是自己命运的设计师，每个人都可以靠自己的努力来改变命运。你失败，只是因为你自身努力不够；你成功，也只是因为你努力了。荣获全国优秀农民工称号的朱雪芹，就是一个靠努力改变命运的典型代表。

朱雪芹念到了初中，就辍学到上海普陀区的华日服装有限公司打工。进公司后，开始学习电动缝纫机的使用，3 个月后，就达到了熟练工的水平。

尽管工作很紧张，朱雪芹始终没有放弃过学习。3 年后，她获得了高中文凭。她利用休息时间，参加公司为职工提供的外语、管理培训班。她几乎把所有的业余时间都用在了学习上。

1998 年，朱雪芹被公司派往日本研修 3 年企业管理课程及服装设计。在日本进修期间，为了学日语，朱雪芹随身带着词典，一有机会就练习口语，功夫不负有心人，3 个月后，朱雪芹的日语让专业翻译也赞叹不已。

2001 年，在日本的学习结束，朱雪芹获得了日方颁发的管理奖、优秀研修生奖等荣誉。她拒绝了日方的高薪聘请，回国后与公司的科技人员一起试验，提出了 80 套标准工序和 2800 秒出成品的分秒法。这一技术成果让公司每年出口服装达到 100 万件，取得了良好的经济效益。

2008 年，朱雪芹光荣当选为上海市首位农民工全国人大代表。

朱雪芹说："这十几年来，我经历过的事情非常坎坷，也付出了不少努力。但我知道，只有努力才能改变命运。"

"只有努力才能改变命运"，这话是朱雪芹成功的见证，也是她成功的秘诀。靠着自己每天比别人多努力的这一点点，朱雪芹从一个只有初中文化的农村女孩，一直走到全国人大代表，这其中付出了多少辛苦

和努力，相信只有她自己知道。但是，她一路走过来，付出了比别人多得多的勤奋和努力，却是每一位成功者都知道的。

对于我们当中的一些人来说，命运也许没有给予太多的垂青和怜爱，我们一直平平淡淡，甚至有着不如常人的不幸。而对于我们当中的大多数，对于我们不幸的命运，要做的就只有努力工作。你做得越多，你得到的也就越多。每天比别人多努力一点点，慢慢地，你就会成为改变自己命运的人。

心灵悄悄话

每一位成功者，无一不是靠着艰辛的努力才换来了今天的成就。只要你为了改变自己而努力，就能靠自己的努力改变自身的命运。只要努力，你总会有成功的机会。

付出勤奋，收获成功

爱因斯坦曾经说过："在天才和勤奋之间，我毫不迟疑地选择勤奋，她几乎是世界上一切成就的催生婆"。齐格勒说："如果你能够尽到自己的本分，尽力完成自己应该做的事情，那么总有一天，你就能够随心所欲地从事自己的事情。"反之，如果你只是凡事得过且过，从不努力把自己的工作做好，那么你永远无法达到成功的顶峰。

无论是对个人还是对一个民族而言，懒惰都是一种堕落的、具有毁灭性的东西。懒惰、好逸恶劳乃是万恶之源，懒惰会吞噬一个人的心灵，就像灰尘可以使铁生锈一样，懒惰可以轻而易举地毁掉一个人。因此，那些生性懒惰的人不可能在社会生活中成为成功者。

纵看历史、横看世界，真正事业有成的人无不勤勉发奋、兢兢业业。香港超级富豪李嘉诚白手起家，究其原因除了善于抓住机遇以外，勤奋则是他的主要秘诀。他认为："20岁之前，事业上的成果100%是靠自己的勤劳的双手换来的；20~30岁之间，事业已有些小基础，这10年的成功，10%是靠运气好，90%仍是由勤劳换来的。"

梅兰芳年轻的时候去拜师学戏，师傅说他生着一双死鱼眼睛，灰暗、呆滞，根本不是学戏的材料，拒不收留。天资的欠缺没有使他灰心，反而促使他更加勤奋，他每天都要喂鸽子，仰望天空，双眼紧跟着飞翔的鸽子，穷追不舍；他养金鱼，每天俯视水底，双眼紧跟着遨游的金鱼，寻踪觅影。后来，梅兰芳的眼睛变得如一汪清澈的秋水，熠熠生辉、脉脉含情，他终于成了著名的京剧艺术大师。

勤奋是一个人成功的"第一必须因素"。一个勤奋的人最后并不一定就能够成功；但一个不勤奋的人，肯定不能成功。世界上到处都是一些看起来就要成功的人——在很多人的眼里，他们能够并且应该成为这样或者那样的英雄——旦是，他们并没有成为真正的英雄，原因何在？

原因很多，诸如没有目标，不能够坚持。他们不明白不付出非凡的代价，没有艰苦的奋斗，没有勤奋的工作，是根本无法实现自己的梦想的。他们不相信勤奋，只相信运气、天命。他们从来没有想过成功源于勤奋。

鲁迅的成功"是把别人喝咖啡的时间都用在工作上"；爱迪生的成功是"百分之一的灵感加上百分之九十九的血汗"；爱因斯坦的成功等于"艰苦的劳动＋正确的方法＋少说空话"……每一个成功者的辞典里，都把"勤奋"放在首要位置。勤奋是成才之路。无论什么人，天资聪慧者也好，天资欠佳者也罢，要想成才都必须勤奋。

心灵悄悄话

成功只会光顾那些辛勤劳动的人们。想要做好一件事，你就必须付出更多的勤奋和努力。拥有积极进取、奋发向上的心，勤勤恳恳，就会成功。懒惰，只能够由平凡转为平庸，最后变成一个毫无价值和没有出路的人。

上天从来不会帮助懒汉

勤奋是点燃智慧的火把,是成功的阶梯,只要我们勤奋学习,勤奋探索,勤奋实践,那么我们总有一天会成功!懒惰是一种恶劣而卑鄙的精神重负,人们一旦背上了懒惰这个包袱、就只会整天怨天尤人,精神沮丧、无所事事,只知悲叹自己处境低劣永远不会在事业上有所建树,永远只能是一只飞不起来的笨鸟。而未来的成功只会拥抱那些不知疲倦的奋斗者。

高尔基有这么一句话:"天才出于勤奋"。卡莱尔也曾激励我们说:"天才就是无止境刻苦勤奋的能力。"这就告诉我们天资再差也没关系,只要勤奋,就一定能成功。因为,天资的发挥只和个人的勤奋是成正比的。有几分勤学苦练,天资就能发挥几分。天资不佳的人,只要充满自信,笨鸟先飞,以勤补拙,也会大有希望、大有前途。天分高的人,哪怕是"神童""天才",如果懒惰成性,不刻苦,不努力,也必然不能成才,甚至还会堕落为庸人。

法拉第是英国物理学家、化学家,也是著名的自学成才的科学家,然而,他小时候受到的学校教育是很差的,而且他也并不聪明。

法拉第 1791 年 9 月 22 日出生在萨里郡纽因顿一个贫苦铁匠家庭,家里人没有特别高深的文化。因家庭贫困,他仅上过几年小学,13 岁时便在一家书店里当学徒。这是一家装订、出售书籍,兼营文具生意的铺子。法拉第在那里做学徒有机会读到许多科学书籍。但与众不同的是他除了装订书籍外,还经常阅读它们。小小年纪的他很快被科学知识深

深吸引了。他在送报、装订等工作之余，自学化学和电学，并动手做简单的实验，验证书上的内容。并且他还常利用业余时间参加市哲学学会的学习活动，听自然哲学讲演，因而接受了自然科学的基础教育。

1812 年冬季的一天，21 岁的法拉第来到伦敦皇家学院，求见著名的院长戴维。作为自荐书，他带来了一个簿子，里面是他听戴维讲演时记下的笔记，这个簿子装订得整齐美观。他的这种勤奋的态度得到了戴维的赏识。戴维正好缺少一位助手，就雇用了法拉第。

同年 10 月，戴维到欧洲大陆作科学考察、讲学，法拉第作为他的秘书、助手随同前往。历时一年，先后经过许多国家，结识了安培、盖·吕萨克等著名学者，其中几位学者很快发现了这位陪伴戴维的朴实年轻人的才华。

1813 年 3 月，法拉第由戴维举荐到皇家研究所任实验室助手，这是他一生的转折点。从此他开始逐步在科学研究的道路上崭露头角。法拉第如此，比尔·盖茨同样也是如此。

微软出名，除了因为他的软件，还因为微软员工拼命工作而出名。但是很少有员工工作比比尔·盖茨还要努力。从 1978 年到 1984 年，比尔·盖茨只休了 15 天假，这还包括他在网球场消磨的那 4 天。

工作起来不要命，早在盖茨研制 BASIC 时就已经让人赞叹了。研制 BASIC 时，比尔和他的搭档艾伦在电脑实验室发狂地工作，经常都是 24 小时通宵地干。实在困得顶不住了，就在电脑桌上打个盹。在电脑桌上干着干着就睡着了是常有的事情。盹了几分钟之后，醒来继续干。

所以《跨国企业》杂志编辑发表的一篇文章上写道："微软如何保持自己的优势？""一大原因就是：比尔·盖茨从来不睡觉。他是不断寻觅新的一个来源，甚至在他现有的产品仍赚进大把钞票的时候也不例外！"

生活中到处可以发现靠勤勉成功、靠苦干出头的创业者。刚开始创业的人，能力多半不强，难以承担重任，唯有以勤补拙迅速提高，并证明自己的价值，才有发展前途。先别恨天太低，先别嫌窝巢太小，等翅膀练硬了，自然海阔天空，任你翱翔。

日本的企业家松下幸之助说："我青年时代，始终一贯地被教导要勤勉努力。当时我想，如果把勤勉努力去掉，那么一个年轻人还剩下什么呢？因为年轻人有期望，所以才要勤勉努力，这是人生的一大原则。"

在当今的情势下，有形财产是不可靠的，可靠的是那些永远寄托于自身的学问、艺术、技术等无形财产，这是终生不会被人剥夺的东西。而这些人生资产必须靠勤勉努力才能获得。由此看来，勤勉努力的习惯，才是终生不会脱离其人的贴身财产。

甘于吃苦，勤奋努力，尽管有时还没有得到成功的报答，却已先磨炼了我们的意志，培养了自己的坚韧，这不也是一种收获吗？生活是公平的，付出越多得到的也越多。

第四篇　汗水浇开成功之花

谁都不能一口吃成胖子

谁都明白饭要一口一口地吃，任何人都不能一口吃个胖子。对于做事来说，也需要一步一步去做才能实现目标，才能慢慢向成功靠拢。

就读于某名牌大学新闻系的小军，在校时就已经有许多篇文章问世，有的文章还在社会上产生了较大的反响。早已享有"才子"称号的他，毕业时与其他几位同学一起被分配到了某报社。

小军想当然地认为自己一定会被分到"要闻部"，不久就会成为"名记"。

可是，当领导公布岗位分配的名单时，他才知道自己被分到了总编办公室。而另两位没有他出色的同学，则被安排在要闻部当实习记者，这一下，小军不禁大失所望。

他开始埋怨领导"不识真金""有眼无珠""安排不当"。实际上，领导这样安排，并非不了解他，而是想让他全面了解报业的运作过程和主要环节，使他了解全局，以便更好地发挥作用。

领导的本意是想给他提供锻炼、成长的机会，将来加以重用，但小军却看不到这一点，反而心生怨言，没干多久就辞职了。这无异于自毁前程。

丽萍大学毕业后，被分配到一家电影制片厂担任助理影片剪辑。这本来是一个人在影视界寻求发展的起点，但在 10 个月后，她却离开了这个岗位，辞职了。

她认为自己这样做的理由很充分：堂堂一个大学毕业生，受过多年的高等教育，却在干一个小学毕业生都能干的事情，把宝贵时光耗费在贴标签、编号、跑腿、保持影片整洁等琐事上面。这怎能不使她感到委屈呢？她有一种上当受骗的感觉，更有一种对不起自己的感觉。

几年后，当丽萍看到电视上打出的演职员表名单时，竟然发现以前的同事，有的现在已经成为著名的导演，有的已经成为制作人。此时，她的心中颇有点不是滋味。

小军和丽萍都未看到平凡岗位上的不平凡意义，所以他们的辞职是自己关闭了在社会上闯出一番事业的大门。

许多实现了人生目标的过来人都说，谁都无法"一步到位"，只能一步一个脚印地走下去，才会达到成功。因此，人不要把眼睛只盯住脚下、眼前，而不抬头看看巅峰高处、忽视了自己事业的长远规划。

决心获得成功的人都知道，进步是一点一滴不断努力得来的，就像"罗马不是一天造成的"一样。

例如，登山是一步一步向上爬的；房屋是由一砖一瓦堆砌成的；足球比赛最后的胜利是由一次一次的得分累积而成的；商家的繁荣也是靠着一个一个的顾客逐渐壮大的。所以每一个重大的成就都是一系列的小成就累积而成的。

第四篇　汗水浇开成功之花

西华·莱德先生是个著名的作家兼战地记者，他曾在 1957 年 4 月的《读者文摘》上撰文表示，他所收到的最好的忠告是"继续走完下一里路"，下面是其中的几段：

在第二次世界大战期间，我跟几个人不得不从一架破损的运输机上跳伞逃生，结果迫降到缅甸、印度交界处的树林里。如果要等救援队前来援救，至少要好几个星期，那时可能就来不及了，只好自己设法逃生。我们唯一能做的就是拖着沉重的步伐往印度走，全程长达 140 里，必须在 8 月的酷热和季风所带来的暴雨的双重侵袭下，翻山越岭长途跋涉。

才走了一个小时，我的一只长筒靴的鞋钉刺到另一只脚上，傍晚时双脚都起泡出血，范围像硬币那般大小。我能一瘸一拐地走完140里吗？别人的情况也差不多，甚至更糟糕。他们能不能走完呢？我们以为完蛋了，但是又不能不走，好在晚上找个地方休息。我们别无选择，只好硬着头皮走下一里路……

当我推掉原有工作，开始专心写一本15万字的大书时，一直定不下心来写作，差点放弃我一直引以为荣的教授尊严，也就是说几乎不想干了。最后不得不记着只去想下一个段落怎么写，而非下一页，当然更不是下一章了。整整6个月的时间，除了一段一段不停地写以外，什么事情都没做，结果居然写成了。

几年以前，我接了一件每天写一则广播剧本的差事，到目前为止一共写了2000则。如果当时就签一张"写作"2000则剧本的合同，一定会被这个庞大的数目吓倒，甚至把它推掉。好在只是写一则剧本，接着写一则，就这样日积月累真的写出这么多了。

最好的戒烟方法就是"一小时又一小时"地坚持下去，有许多人用这种方法戒烟，成功的比率比别的方法要高。这个方法并不是要求他们下决心永远不抽，只是要他们决心不在下一个小时内抽烟而已。当这个小时结束时，只需把他的决心继续到下一小时就行了。当抽烟的欲望渐渐减轻时，时间就延长到两小时，延长到一天，最后终于完全戒除。那些一下子就想戒除的人一定会失败，因为心理上的感觉受不了。一小时的忍耐很容易，可是永远不抽那就难了。想要达成任何目标也最好用这种按部就班的方法。

对于那些从低点起步的人来讲，不管被安排的工作多么不重要，都应该看成"使自己向前跨一步"的好机会。推销员每促成一笔交易时，就有资格迈向更高的管理职位了。牧师的每一次布道、教授的每一次演讲、科学家的每一次实验，以及商业主管的每一次开会，都是向前跨一步，更上一层楼的好机会。有时某些人看似一夜成功，但是如果你仔细看看他们过去的奋斗历史，就知道他们的成功并不是偶然、幸运所致，他们也是这样一步步走来的。

心灵悄悄话

　　请千万记住一点：任何事情的发展都需要一个逐步提升的阶段性过程，任何宏伟目标的实现都需要一个逐步积累的时期，攀登高峰的成就也是从低处一点一点爬上了的。

第四篇　汗水浇开成功之花

一步一个脚印走向成功

一步一个脚印，兢兢业业、任劳任怨，这就是走出底层的捷径。决心从低点起步的人不会妄想着一步登天，他们懂得"世界上没有免费的午餐"，一切成绩都需要付出自己的努力，需要脚踏实地地潜下去，把上级交予的任务完成得无可挑剔，这样才会获得青睐，才能受到提拔，而且这种脚踏实地的作风会给上级留下良好的影响，对未来的发展也是极为有利的。

一个人告别学校，步入社会，如果你没有特殊的背景，那么，你职业生涯的第一步就是打工，而且往往要从最底层干起。

一般人在这个人生的第一个转型期会感到不适应，本来在学校里，社会上所发生的一切只是你评判的对象，现在，你要置身其中，与那些你曾经那么强烈喜爱、反对、厌恶，当然还有曾漠视过的人和事为伍，与他们同呼吸，共生活，你首先会失去一段客观评价他们的距离，然后你会失去一份平常心，你会看到那么多的事情不顺眼，你会感觉到从未有过的压力和失落，你会体味到一个打工者的卑微和无奈……

如果把一个公司所有打工人员的构成比喻为一座金字塔，高高在上居于塔尖的是总经理，伏在塔底、默默耕耘、人数众多，支撑着塔身的是公司中最为普通的职员。如果你刚刚走上社会，你最容易关注到塔尖上荣光无限的老总们，而常常忽视了这些老总从塔底走向塔顶的过程。

事实上，无论是谁，包括那些叱咤风云的商场精英，都有一个在最底层逐渐适应的过程。但是，谁能正视自己、尽快调整好自己的心态，谁就能脱颖而出，尽量缩短这个适应期。

虽然你身在底层，你的工作是那么的微不足道，你也许还有许多的失落和怨言，但是，你一定不能看不起你的工作。如果你认为自己的劳动是那样的卑贱，那么你永远也不会从自己的劳动中学到经验和技能，也就永远不可能获得事业的成功。

伯格和赫尔·凯恩在公司里学历是最高的，本以为到公司就会受到重用，进入重要岗位。可是安排下来的工作，令他们大失所望，他们仿佛成了杂务工。于是伯格开始厌倦这份工作，常常打电话和留意招聘信息，随时准备跳槽，工作扔到一边，常常缺勤；赫尔·凯恩虽然心里不痛快，却仍然安心工作、任劳任怨，把它作为锻炼自己的机会，相信总有一天会赢得认可。他还深入了解公司情况，丰富自己的业务知识，熟悉工作内容。五个月后，赫尔·凯恩被调到重要岗位，结束了单调而乏味的工作。而伯格还没找到其他工作，却已经被辞退了。

今天，同样还有许多人认为自己所从事的工作是低人一等的。他们身在其中，却无法认识到其价值，只是迫于生活的压力而劳动。他们轻视自己所从事的工作，自然无法投入全部身心。他们在工作中敷衍搪塞、得过且过，并将大部分心思用在如何摆脱现在的工作环境上。这样的人在任何地方都不会有所成就。

所有正当合法的工作都是值得尊敬的，只要你诚实地劳动和创造，没有人能够贬低你的价值，而关键的就在于你如何看待自己的工作。那些只知道要求高薪，却不知道自己应承担责任的人，无论对自己，还是对老板，都是没有价值的。

某些工作也许看起来并不高雅，工作环境也很差，无法得到社会的承认。但是，请不要无视这样一个事实：有用才是伟大的真正尺度。在许多年轻人看来，公务员、银行职员或者大公司管理人员才称得上是绅士，他们甚至愿意等待漫长的时间去谋求一个公务员的职位。但是，花同样的时间他们完全可以通过自身的努力，在现实的工作中找到自己的

位置，发挥自己的价值。

　　当然，人都想往高处走，虽然身在底层，但心的试练则应该站在最高处。只有给自己立下远大的志向，才会有奋斗的目标。否则浑浑噩噩地过日子，那岂不是虚度光阴吗？这不是说志向要愈高愈好，因为所立下的志愿若超出自己的能力，或脱离了现实范围，也就成了妄想。

　　"先衡量自己的工作能力，设计长远目标；从工作实际出发，制订长远的计划，一日一日地逐步去执行，才能达到理想。"这就是克拉博士给公司员工的临别赠言，旨在告诉我们有目标还得有实际行动，从低点起步，就得严格执行自己的计划，这样才能完成目标，完成定位。

　　不同的人有不一样的机遇和不一样的成功。但有一点是一样的：走好你的每一步，只有这样，你才能在人生的阶梯上步步高升，直至顶点。

把踏实作为你的座右铭吧

世界上大多数人都是平凡人，但很多人都希望自己成为不平凡的人。梦想成功，梦想才华获得赏识、能力获得肯定，拥有名誉、地位、财富。但遗憾的是，真正能做到的人，似乎总是少数。

因为，他们虽然有着不凡的梦想，却不能真正脚踏实地地去努力实现它。

所谓踏实，就是切实，不浮躁，脚踏实地。踏实是一种作风，一种认认真真、实实在在、不骄不躁的作风，是做人、做事稳健的基础和前提。踏踏实实去做好大家都认为重要的事，便能敲开成功之门。

在通往成功的路上，没有什么捷径，要走出属于自己的生存之路，好高骛远是行不通的，踏踏实实地做好你该做的工作，学会你该学会的知识才是人生的首要选择。脚踏实地、实实在在地去做，才是通往成功的最好的捷径。

有这样一则寓言：

一天，上帝宣布说，如果有哪个泥人能够渡过他指定的河流，他就会赐给这个泥人一颗永远不死的金子般的心。

过了好长时间，泥人们都没有回应。就在上帝也不抱希望时，终于有一个小泥人站了出来，说他想过河。

"泥人是不可能过河的，你别做梦了。"

"你的肉体会一点儿一点儿的被河水冲走的。"

"就算不被河水冲走，河里的鱼虾也会把你吞掉的……"

然而，这个小泥人还是执意要过河。他不想一辈子只做泥人，他要拥有自己的天堂。

同时，他也知道，要到天堂，必须先过地狱，而他的地狱，就是他将要穿越的这条河。

小泥人来到了河边，他一步一步沉默地往前挪动着自己的脚步，他的双脚飞快地溶化着，一阵阵撕心裂肺的痛楚时时袭来，鱼虾也在贪婪地啄食着他的身体，但是，小泥人仍然孤独而倔强地走着。

一步又一步，小泥人就这样一步一步地往前走，他不知道自己要迈多少步才能走过河，也不知道自己能不能过得了河，他只是感觉河好宽好宽，好像耗尽一生也走不到尽头似的。终于，就在小泥人几近绝望的时候，他突然发现，自己居然上岸了。低头看看脚下时，他惊奇地发现，他已经有了一颗金灿灿的心。

小泥人终于明白了：从来就没有什么幸运的事情，能够来到天堂的人，不是因为幸运，而是都经过了地狱般的磨难，一步一步踏踏实实走过来的。

不要以为可以不经过程而直奔终点，不从卑俗而直达高雅。目标远大固然不错，但有了目标，还要为目标付出艰苦的努力。如果你只空怀大志，而不愿为实现理想付出辛勤劳动，那么"理想"只能是空中楼阁。

一个人胸怀远大的理想的确值得称赞，但不应由此而脱离了实际，把目标和做事都过于理想化。无论做什么事情，我们更需要的是求真务实、脚踏实地。脱离了现实便只能生活在虚幻之中，脱离了自身便只能见到一个无限夸大的幻象。不能脚踏实地，只能在空中飘着，那所有的远大目标也只不过是海市蜃楼。

能不能做好生活中的每一件小事，反映的不仅是一种能力，更是一种态度。不踏实的人，首要的错误就在于不切实际，不能脚踏实地，既脱离现实，又脱离自身。事业成功与工作态度，就像车身与车轮一样，如果你不让车轮着地，车就永远不可能驶向远方。

把踏实当作你的座右铭吧，只有踏实地做人、做事，你才能为将来的成功打下坚实的基础，才能把梦想变成现实。

心灵悄悄话

我们每个人也都有自己的天堂——那就是我们的成功。而要到达天堂，就要经过地狱般的磨难。就像小泥人一样，那些在事业上有所成就的人士，都是踏踏实实地从简单的工作开始，一步一步慢慢走过来的。

第四篇　汗水浇开成功之花

天资聪颖并不意味着"幸运"

尽管智力平庸，但努力的人会想方设法保持领先，一步一步积累自己的优势。而那些所谓智力超群、才华横溢的人却仍在四处涉猎，毫无目标，最终一无所获。

维克多与伊雷内这两兄弟，可以说是截然不同的两种人。哥哥维克多身材挺拔、相貌英俊、口齿伶俐、头脑敏捷、才华过人，外表上简直没什么缺点。他是一个社交明星，给每个人留下的第一印象都是完美的。但是熟悉他的人知道，他从来就没有认认真真地办过一件事，就是答应别人的事，他也可能会忘掉，他仅仅是个吃喝玩乐的专家。如果派他外出考察，他回来后拿不出多少有价值的商业情报，却能将旅途中见识到的美味佳肴和美女描述得绘声绘色。

弟弟伊雷内虽然身材不高，相貌平平，但在学习和工作中都有股近乎痴迷的专注劲儿。小时候在法国，当家境还很宽裕的时候，他受拉瓦锡的影响，对化学着了迷。那时候父亲皮埃尔是路易十六王朝的商业总监，兼有贵族身份。拉瓦锡和皮埃尔谈论化学知识的时候，小伊雷内总是稳稳当当地坐在旁边，竖起耳朵听着，他对"肥料爆炸"的事尤其感兴趣。拉瓦锡也喜欢这个安安静静的孩子，就把他带到自己主管的皇家火药厂玩，还教他配制当时世界上质量最好的火药。

后来，这个家庭在法国大革命中险遭灭顶之灾，全家人不得不漂洋过海来到美国。父亲在新大陆尝试过好几种商业计划——倒卖土地、货运、走私黄金……全都失败了。在全家人垂头丧气的时候，年轻的伊雷内苦苦思索着振兴家业的良策。

有一天，伊雷内与美国陆军上校路易斯·特萨德到郊外打猎，他的枪哑了三次，而上校的枪一扣扳机就响。上校说："你应该用英国的火药粉，美国得太差劲。"一句话使伊雷内茅塞顿开。他想，在战乱期间，世界上最需要的不就是火药吗？在这方面，我是有优势的，从拉瓦锡那里学到的知识，会让我成为美国最好的火药商。

伊雷内就靠着这股专注劲，克服了许多困难，把火药厂办了起来。他，就是举世闻名的杜邦公司的创始人伊雷内·杜邦。

而聪明的维克多呢？他只得靠着弟弟的扶持，在纽约给弟弟做代理。维克多凭着社交手腕，也确实发展了一些客户，但是其中的一位，拿破仑的弟弟杰罗姆，一位花花公子，却毁了他。在纵欲无度、花天酒地的生活中，他们俩很投缘，只要杰罗姆缺钱，维克多就慷慨地掏腰包借钱给他。杰罗姆的一笔笔巨额借款，直接导致了维克多的贸易公司以破产告终。

历史上，总是一遍又一遍地上演着维克多与伊雷内的故事。平庸者成功，聪明人失败，这是件令人惊叹、令人费解却又一再重复的情节。通过分析，我们可以找到其中的原因：那些看似愚钝的人，却往往有一种顽强的毅力，在任何情况下都有坚如磐石的决心。所以他们能不受任何诱惑，不偏离自己的既定目标，日积月累地做下去，直到成功。相反，那些聪明却不认真的人，开始可能会有一些小成功。比如，在大学里遥遥领先，比社区的其他同龄人更引人注目，于是他们往往放纵了自己，游戏人生，徒然浪费了才华。

奔驰的骏马尽管在开始的时候总是呼啸在前，但最终抵达目的地的，却往往是充满耐心和毅力的骆驼。天生有颗聪明的"脑袋"，并不意味着"幸运"。因为聪明而误了终生的人，古往今来大有人在。因为觉察到自己某些方面的"聪明"，变得心态浮躁，高不成低不就，总是找不到自己适合的"位置"，这样的人更是大有人在。

自警

俗话说，"尺有所短、寸有所长"，每个人都有自己天赋的"强项"和"弱项"，再聪明的人，也不可能样样事都擅长。因为自己某个方面有些过人的天赋，就洋洋自得地睡大觉，却不知道，"笨人"已经凭着脚踏实地的努力超了自己，这才是真正的愚蠢！

世界上的许多成大事者，大都是一些资质平平的人，而不是才智超群、多才多艺的人。有一些人，在别人来看，取得了远远超过他们"聪明程度"的业绩，这看起来实在有些不可思议。其实，这正是因为他们能专心于一个领域，耕耘不辍，最终才能有所收获。

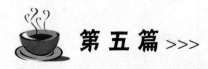

第五篇 >>>

舐犊之情深似海

母爱是人类最美丽的情绪，因为这种情绪没有利欲之心掺杂其间。母爱，总是让我们感受到世间的美好。女人固然是脆弱的，母亲却是坚强的。在很多时候。母爱的伟大是远远不能用言语来表达的。世界上有一种最美丽的声音，那便是母亲的呼唤。

每个人都有可以挖掘的潜能，并且有创造生活的无限潜能，而大多数人只发挥了其中的一小部分。这是因为，很多时候人们没有将自己放在置之死地而后生的境地，没有破釜沉舟的勇气，没有那种一定要成功的强烈愿望。

最温暖的母爱

母亲的爱是伟大的，母亲的爱是温暖的。

自从我降临在这个世界，我的父母便开始无微不至地照顾我、关心我。我在他们至爱的目光中长大，成为一个调皮的小顽童，一会让他们开心、一会儿让他们操心，惹事闯祸，可妈妈都不怪我，反而让我从中吸取教训，让我快乐地成长。

世界上最无私最温馨的爱要属母爱了，她总是在我们最需要的时候给予我们温暖。在我们的一生中总会有许多感动，然而源于母爱的感动总能触动我们心中最柔软的地方。

一个男士讲了这么个故事，他说：去年的深秋，我和朋友一起沿着川藏线进入藏区，奔赴四川阿坝藏族自治州的小金县，我们这次要攀登的是那座耸立在高原之上的四姑娘山。

我们坐飞机来到成都，然后搭上小金县的班车前往日隆镇。这是一段漫长而艰难的旅程，汽车需要在蜿蜒曲折的公路上盘旋一天的时间，越过那海拔4500多米的巴朗山脉，那里空气稀薄，冰雪覆盖，恶劣的高原环境等待着我们一车人。

汽车驶入巴朗山脉的时候，就开始有乘客感觉身体不适了，因为公路总是弯弯转转，搅翻了大家的胃，有人开始呕吐了。特别是我身旁坐着的那位头发灰白的老人，她身体似乎难受得厉害，以至于司机不得不停下车来让她休息一下。她却强忍着难受，请司机继续前行。于是，我们的汽车就继续前进了。

自警

"汽车驶到巴朗山山腰的时候，老人已经呼吸急促，头昏眼花了，我知道这是高原反应，于是立即掏出红景天给她喝了一小瓶，她轻轻地对我说了一声谢谢，似乎已经连大声说话的力气都没有……

"汽车继续前行，慢慢地向山顶进发，老人的呼吸越发急促起来，高原反应越来越重，我们不得不请司机停下车来。司机这次走过来一看她，就马上紧张地问道，'您有哮喘病?'老人点着头，已经不能说话了，司机慌忙拿来小液体氧气罐给她吸氧，她吸着氧气才慢慢平静下来。但是我们的路途还很遥远，山还很高，于是我们开始趁老人清醒的时候，劝她下车搭便车回去。因为一旦进入偏僻的藏区，如果身体过于不适，那将是很危险的事情。但是老人强装微笑地说，'没关系，翻过这座山，我一定能挺过去的!'老人就这样昏睡着，与我们一道穿过了巴朗山，终于来到了日隆。

"到达日隆的时候，前来接待的小旅店老板们拥了上来，请我们去住他们的家庭旅馆。当一位藏族妇人一看到老人时，居然惊叫起来，对她说，'陈阿妈，你今年怎么又来了!'那位老太太疲惫的脸上浮起微笑，说，'我来给儿子送件棉衣!'我猛然惊诧，原来她的儿子在藏区啊，我们松了一口气，心里踏实了许多。而那位藏族妇人见到她，像是接到亲人一样，也不再招呼别的客人，而是搀着老人回去了。

"我们选择了另一家家庭旅馆住下，准备明天的登山行动，我们这次准备征服四姑娘山中的幺姑娘山，那是一座我们一直渴望征服的大雪山。第二天清晨，我们就背着装备骑着马向雪山进发了。我们将穿越原始丛林，顺着沟子，经过海子，踏过小草原。我们期待着看到雪山底下一片片新落的白雪……

"但是当我们来到雪山底下的时候，我们却看到了一个熟悉的身影，一位头发灰白的老人和一位牵马的妇人早已经来到山脚下了。老人见到我们来了，脸上忽然浮起了笑容，她远远地问，'是你们啊，你们是登山去吗?'我回答说，'是啊! 我们要登山……'

"老人的眼角激动得渗出泪花，说，'太好了，那请你帮我一个忙，你们给我儿子捎件棉衣好吗？'说着，老人从袋子里抽出一件厚实的棉衣来，递给我。我早已经目瞪口呆了，我完全没有明白过来——因为这雪山之上不可能还有别人在，看上去也不可能有人比我们早。

"这时，那位藏族妇人拉着我来到一边，说，'小伙子，你也帮忙劝劝这位陈阿妈……她的儿子4年前在这里登山遇难了，可是她忘不了自己的儿子，每年都从北京来这里送棉衣啊！'我猛然惊醒，想起曾经听说过的一件事情，在4年前的这个季节，曾经有一个登山队在攀登这座雪山时不幸遭遇了雪崩，几位年轻的队员遇难了，难道她就是其中一位遇难队员的母亲？

"藏族妇人证实了我的猜想，老人果然是其中一位的母亲。藏族妇人告诉我们，在她儿子去世之后，这位母亲，每年的这个时候都会拖着年迈的身体，克服艰苦的高原反应，千里迢迢为儿子送来一件棉衣，这已经是第四年了。我顿时被感动得热泪盈眶，我拉着队友们围在老人身边，慢慢地劝慰她。我说，'阿姨，您的儿子和我们一样都喜欢这项运动，即使留在这里也不会遗憾的，您以后就不要再送棉衣了……'

"那位老人的脸忽然抽搐起来，老泪纵横地指着大雪山对我说，'是啊，他从小就喜欢登山，可这里是雪山，全是雪啊，雪山那么冷，他却永远回不来了……'我无语，我知道我说再多的话也是无用的。因为这位母亲的爱与思念已经超越生死的界线了，她既然知道儿子已经离开了这个世界，却仍然记挂他的冷暖，这是多么深切多么难舍的爱啊……

"那天我们继续了登顶活动，爬上了幺姑娘山的山顶，那天我们爬得格外小心，爬得格外默契。

"在登上山顶之后，我们将那件厚厚的棉衣展开，覆盖在山顶白色的雪地上，我想那冰雪下沉睡的英雄，和那冰雪覆盖下的山脉，都应该能感觉到这人世间最最温暖的母爱吧！"

母爱，的确让人感动和温暖。而这样的爱，是世界上最伟大的爱！

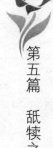

第五篇　舐犊之情深似海

当我们看书到深夜时，母亲送来一杯热热的牛奶，是暖；当冬天我们的手冻得冰凉时，母亲帮我们轻轻地揉搓，是暖；当我们趴在起风的窗口等待流星时，母亲为我们披上一件大衣，是暖……母爱总是无私的付出，在我们脆弱、彷徨的时候给我们力量；却在我们成功时默默地退后。

母爱是纯洁的，母爱是无私的，母爱是伟大的，母爱是只知道给予而不企求回报的。母爱就像春天的暖风，吹拂着你的心；母爱就像绵绵细雨，轻轻拍打着你的脸面，滋润着你的心田；母爱就像冬天的火炉，给你在严冬中营造暖人心意的阳光。让我们对全天下的母亲说声："妈妈！我爱你！"

心灵悄悄话

母爱是一缕阳光，让你的心灵即便在寒冷的冬天也能感觉到温暖如春。母爱是一种最无私的爱，最无私的感情，它像春天的甘露，洒落在我们的心田，虽然悄然无声，却滋润着一棵棵生命的幼苗。

神圣母爱

爱，让每个母亲在最重要的关头，迸发出最伟大的力量。因而母爱是神圣伟大的。

"抢救人员发现她的时候，她已经死了，是被垮塌下来的房子压死的，透过那一堆废墟的间隙可以看到她死亡的姿势，双膝跪着，整个上身向前匍匐着，双手扶着地支撑着身体，有些像古人行跪拜礼，只是身体被压得变形了……救援人员从废墟的空隙伸手进去确认了她已经死亡，在她的身体下面躺着她的孩子，包在一条红色带黄花的小被子里，大概有三四个月大，因为母亲身体庇护着，他毫发未伤，被抱出来的时候，他还安静地睡着，他熟睡的脸让所有在场的人感到很温暖……包孩子的被子里放着一部手机，屏幕上写着这样一条短信：'亲爱的宝贝，如果你能活着，一定要记住我爱你！'"

看完这个报道，我再也无法控制自己的感情，泣不成声，我知道在地震中有太多太多感人的故事，这位伟大的母亲震撼了我的心灵。

不知道多少人会因为这个母亲的事迹而潸然泪下，可是我知道，这个孩子是幸运的，他的母亲给了他第二次生命！或许，在梦里，他仍以为妈妈用温暖的怀抱拥抱着他，嘴里还喃喃地哼着"宝贝睡吧睡吧"的摇篮曲呢。

这位伟大的母亲，我们能想象她是多么舍不得离开，还没来得及看见自己的孩子得救；初为人母的她，还没来得及感受孩子第一次开口叫

一声妈妈的喜悦，还没来得及再看一眼孩子的笑脸……在编辑那条最后的短信时，她心情是多么的沉重啊，她一定痛苦极了。

祝福还在襁褓里的孩子能够平平安安地长大！向这位伟大的母亲致敬！！！

当死亡把亲人分开的时候，体现出来的爱何尝不是惊天地，泣鬼神呢？如果爱，就趁现在，告诉自己的爸爸妈妈：我爱你们！

白发亲娘

一个女孩泪眼蒙胧的讲述：在我的记忆中，妈妈爱美。

我看到的妈妈最早的照片，是她20岁左右拍的，那时，她还没有和爸爸结婚。她穿一件浅色小西装，配上碎花衬衫，领子翻出来，非常得体；梳着两条乌黑的辫子，眼睛里闪烁着青春的光芒，很漂亮。妈妈总是自豪地说起自己年轻时的辫子："我那头发乌黑乌黑的，一直拖到腿弯。"然后顿了顿，遗憾地说，"可惜生了你之后，太忙，只好剪掉了。"年轻时的妈妈穿衣服也很讲究，晚上睡觉前总要将裤子叠好，衣服挂到橱里，第二天再穿的时候，也就整齐而无皱褶了。

可能爱美的人都是善于打扮自己的。妈妈手巧，不仅能够将自己打扮得漂漂亮亮，更让我们姐弟几个也都穿得很风光。印象最深的是读小学时，我们学校的女老师总是喜欢在课间把我叫到办公室去——我身上色彩迷人、花样繁多的毛衣深深地吸引了她们，那全是妈妈的杰作。妈妈能够把毛衣书上最难的样式最巧妙地织出来，女老师们对我的毛衣痴迷不已，织不出想要的图案时，就向妈妈请教，我小小的虚荣心因为妈妈而情不自禁地膨胀着。因为这，原本不起眼的我得到了老师们的宠爱，我的成绩也直线上升。

妈妈不仅爱美，而且待人厚道。家里刚开了副食店做生意的时候，挣钱很少，每天只能挣十多元钱。开业不到一个月，妈妈在粮管所的门口捡到了一个皮包，包里有2000元钱！这么多钱，我平生第一次看到！

妈妈捡到钱后，就一直待在那儿等着有人回来找。等了大约两个小时，失主终于找回来了，脸色苍白。拿到母亲递给他的皮包，他"扑

第五篇　舐犊之情深似海

157

通"一声，给妈妈跪下了，哭道："大姐，你这是救了一条命啊！"我知道拾金不昧是美德，但是，那个时候，捡到这么多钱而在风口等待失主的妈妈还是深深震撼了我。"不愁挣不够吃穿，过日子咱图的就是心安啊！"说起这事，母亲的话仍然掷地有声。经常在做一些善事的时候，我都会突然想起妈妈的这句话。

妈妈最擅长做的是小孩子的冬衣。数不清有多少人找她做过冬衣，也不知道她到底有多少个夜晚熬夜做活了。因为妈妈在街道上开了一家副食店，熟识的人很多。每到大家需要为家里的小孩子做冬衣的时候，店里就特别热闹。妈妈总是一一收下别人送来的布料，然后趁着晚上剪好，分文不收地送回去。在我的印象中，妈妈总是在晚上打毛衣，在晚上剪布料，在晚上蒸包子……白天她又要看店又要伺候一家老小吃喝，太忙了，以至于到了晚上才能忙那些似乎她更喜欢做的事情。有时候，我和爸爸看不过去了，就说："干脆关掉副食店，开个裁缝店算了！"

妈妈总是说："都是不远的，不好意思拒绝啊！"有时，她说："别人不会，求到我了，我怎么办。"常会激起全家的批判，但她以笑相对，仍是一丝不苟地给人做好。

后来，我的宝宝出生，妈妈给自己的外孙做了很多精美的小衣服、小被褥。当妈妈千里迢迢地把东西背到医院里时，我看着这些衣服、被褥，高兴极了，似乎又回到童年，女老师们围着我的毛衣左看右看的时候。可是，让我骄傲的妈妈，似乎从来都没有说过自己想要什么。经常，我问起妈妈需要买些什么，妈妈总是吞吞吐吐，不好意思跟女儿要什么。劝她不要那么节省，她也不作声。前年冬天，妹妹说妈妈想要我帮她在城里买一双好点的棉皮鞋，我才意识到经年累月地站在柜台前忙来忙去的妈妈，实在应该穿一双舒适的鞋子啊！想到我自己对衣服不是太在意，却一直舍得花钱买好的鞋子，我突然责怪自己："为什么我没有想到妈妈呢？"

这几年，连锁超市进入了乡镇，我家的副食店生意很不好做，妈妈还是坚持着。其中甘苦，又有谁知？母亲为了一家的生活奔波着，只是岁月不经意催老了她的容颜——曾经那么漂亮的妈妈，现在似乎忘记了自己的容貌。

妈妈辛苦操劳了大半辈子，从不言辛苦。但她的生活仍然伴随着苦涩，尤其是爸爸脾气暴躁，让妈妈吃了不少苦头。当爸爸咆哮着冲妈妈而去的时候，我就吓得瑟瑟发抖，突然觉得浑身冰冷……妈妈总是一味地忍让，忍让到连我们子女都有点看不过去了。以前读书的时候，我特别不理解妈妈对爸爸的迁就：爸爸串门迟迟不回，妈妈也要等到爸爸回来才开饭；即便刚吵过架，妈妈也会按时提醒爸爸吃药——爸爸胃不好。等等。偶尔，妈妈会说："要不是因为你们几个，我早就……"但我知道，这不是真心话。等我结了婚，生了孩子，我才明白，妈妈是在构筑一个属于她自己的完整世界——只是代价太大了点。

妈妈把爱全给了别人。岁月像飞刀，刀刀催人老。母亲由于长久地站在柜台后面，腰疾严重。医生说，治疗的最佳方法就是卧床休息，但从来没有长时间停歇过的母亲又怎能耐得住性子。妈妈经常因为腰疾而难以入睡，整夜整夜地对着电视熬过来。但是一到白天，却又大包大揽地操劳。我和妹妹经常劝她少做点，她虽口头答应却从不懈怠。她担心奶奶做多了活会吃不下饭，担心爸爸吃不好会犯胃病，担心儿女缺钱花会受委屈……她担心的太多了，于是也就完全忘记了自己。

我谈恋爱，因为怕爸爸不同意，就偷偷地和妈妈说了。妈妈也就偷偷地和我去见了他。妈妈见了，觉得很满意，和我说："只要人正直，脾气好，知道疼你爱你，就够了！"我的那个他家境不好，但妈妈连一句嫌弃的话都没说过。我们结婚以后，经济一度很紧张，妈妈总是和我说："你应该懂得持家，日子是靠女人过的。"

妈妈说得对，"日子是靠女人过的"。只是，妈妈您为家付出了太多！在这样的日子里，想起您的言谈话语和生活经历，只让我更悲伤。

"妈，您知道母亲节要到了吗？"

"什么母亲节，只要你们过好了，我天天都像过节一样。"妈妈总是这样，心里只装着亲人。

——朝如青丝暮成雪

妈妈来我这儿几趟了，每次都做了很多包子、馒头，塞满了我的冰箱才回去。只因我先生说过一句"妈妈做的包子比外面买的好吃多了"。

今年春节，妈妈又来了几日，临走时，妈妈爱惜地握了握我的手，我突然感觉到妈妈的手是那么粗糙！我又抬头看了看妈妈的满头白发，泪水忍不住流了下来。

50多岁的妈妈显得比实际年龄老多了。两鬓白发飘动，让我觉得触目惊心。刚有白发的时候，妈妈就让我或者妹妹帮她拔掉；白得更多了，她就到理发店去焗油。每每从理发店出来，妈妈就神采飞扬，仿佛回到了年轻时代……后来因为染发，她的皮肤开始过敏，两年多的时间才治疗好。现在，妈妈的头发再也不能染黑了，只能任由白发满头。妈妈于是经常在电话中感慨老了，我总是打断她的话，换个话题。我怕她说得多了，自己一个人思量时更加伤心难过。

因为家里的生意实在离不开妈妈，我一年之中除了寒暑假能够回家和妈妈小住，此外相见就很难。妈妈总是惦记着我们，忙里偷闲地给她的外孙做衣服、织毛衣。每每打电话回去，我也习惯了让妈妈做这做那，妈妈再大包小包地寄来。妹妹跟我说，妈妈为了给我的儿子做衣服熬夜熬到很晚，老是自己在那儿叹气，说这几年眼神越来越不行了。我听了很心疼。妹妹又说现在还有不少街坊邻居找上门来，央求妈妈给她们的孩子做衣服，妈妈也从不拒绝。我又非常生气。妹妹说妈妈的白头发更多了……

我仍然不知道这个母亲节我能为母亲做点什么。我给妈妈打电话，说给她买了一双新的凉鞋，准备最近寄回去。她非常高兴。我能做的，也许就是一年给妈妈买几双鞋子了。妈妈说我买的鞋子穿着舒服，说家里没有这么好的鞋子卖。我听着妈妈的唠叨，泪水难止，耳边突然响起了熟悉的旋律："你可是又在梦中把我挂念，你可是又在灯下为我牵肠，你的那一双老花眼，是否又把别人错看成我的模样。娘啊，娘啊，白发亲娘……"

是啊，每个孩子在说妈妈的时候，都会开心和快乐！而讲到妈妈的爱的时候，都会泪眼蒙胧地感受这份爱！

是母亲用伟大的母爱让我们感到了幸福与温暖；母亲是天涯游子的最终归宿，母爱是润泽儿女心灵的一眼清泉，它伴随儿女的一饮一啜，丝丝缕缕，绵绵不绝……作为儿女，我们要懂得感恩，用一言一行报答这份永世感激的恩情。

第五篇　舐犊之情深似海

幸福的源泉

朋友常常讲他的母亲，多年以来才晓得那是幸福的源泉。

他说："一直想写写自己的母亲，但不知从何写起。有过几次想写的冲动，无论从哪个角度去写，千言万语，却总也描绘不出母亲的点点滴滴。""我 10 岁那年，只记得母亲经常用木板车拉着父亲去县城看病，每次回家都会从父亲的衣兜里掏出给我买的扎头绳，看到各色的扎头绳，我高兴极了，根本不曾想过父亲的病情如何。

"也就是这年 7 月的一天下午，和往常一样，母亲把父亲拉回家。我也和原来一样，高兴得跑着去问父亲要我的扎头绳。而这一次，看见父亲是躺在车子上，母亲按住了我将要掀开盖在父亲脸上的斗笠的手，母亲抱住我哭了，我知道父亲走了！在母亲拉着父亲回家的路上，母亲怕父亲被颠簸得疼痛，把擦汗的毛巾折叠着放在父亲的头下。母亲说，父亲走时就给她留下我们兄妹仁人，别的什么也没留下。

"母亲白天下地干活，晚上管理几分自留地，还要给我们缝补衣裳，做鞋子。母亲心灵手巧，全村妇人都来问母亲要鞋样。有一次，母亲浇了一夜的菜，那时是用一根长绳将水桶一桶一桶地从井里往上提水，这一夜，也不知提了多少桶！天亮时，母亲才发现自己的胳膊早被磨出了血泡，难怪母亲感到疼痛！

"母亲就是靠过着这样的日子来供我们兄妹仁人上学。母亲不识字，她一直有个心愿，想让我们兄妹都考上大学，脱离农业劳动的苦。我们仁人学习都很好，我的成绩最突出，每次都是班级的第一名，什么县里、区里的尖子竞赛，我都能考出好成绩。我刚上初中时，由于母亲实在支撑不起家里的困境，我多次辍学，而老师们又多次到家里做工作让我上学。从那时起，我退了上，上了又退，最终在我上初三的那年，自己痛下了决心。

"永远忘不了那天中午，看到伙伴们陆陆续续都去了学校，我扶着大门流泪，我是多么想上学啊！母亲把我叫到跟前，'妈对不起你，妈知道你学习好，将来会有出息，可你离考大学还要几年啊！你哥哥就快考了，你妹妹还小，妈实在供应不起了，你退学最合适，你可以编草帽，帮助妈妈供应你哥哥和你妹妹呀！'我哭着不吱声。母亲将我紧紧地揽在怀里：'月儿呀，下辈子再托生为人，一定要找个有钱的人家，找个有能耐的妈妈……'看到母亲那一串串眼泪，我放声哭了起来：'妈，来生我再做人，还做您的女儿，还找您做妈妈！我不上学了，我要退学帮妈妈！'这一次，我永远离开了我那渴望的学校。

"直到现在，母亲还时常提起此事。母亲说，她这一生做的最大的错事，就是没有让我上完学。说真话，今天我有了自己很好的企业，上大学一月的花销，也许我一天就赚到了，但我还是羡慕那些有知识有学历的人。而在我的内心深处，我没有一丁点怪过妈，母亲抚养我们太不容易，她付出的是别的母亲几倍的艰辛！

"艰苦的日子同样过得那样快，我们兄妹都成了家，哥哥和妹妹没有辜负母亲的心愿，他们都考上了很好的大学，现在都生活在城市里。他们很多次都要接母亲去他们那里一起生活，可母亲总是说在城市呆不惯，仍恋着自己的老家。有一次，我给母亲买了一双皮鞋，母亲边试着鞋边问：'就买一双吗？'其实我懂妈的意思，而故意装作不明白：'对呀！您要是喜欢，过段时间我再给您买一双。''妈知道你手头不宽裕，把这双拿给你婆婆穿吧！我和她的鞋码一样大，她穿着也会合适的。''妈呀！婆婆正穿着呢！和您的这双一模一样。'我亲昵地揽着妈妈。妈笑了：'你这鬼丫头，妈都老了，还戏弄妈妈。'刚结婚的那年春节，我匆忙跑到母亲的家中，母亲又喜又生气：'出嫁

朝如青丝暮成雪

的人了，什么都要以婆婆家为重，你应先去拜见公婆，过了春节再来看妈。不要让家人和邻居说你不懂道理。'就这样，每年的春节我看着婆婆家又炸又炖，一家人在一起欢欢笑笑，而我的母亲形单影只，寂寞，冷凄！我总是在无人处流泪。结了婚，我才更了解母亲的孤寂，多少次我劝母亲找个老伴，而母亲坚决不同意，她说，这么多年都熬过来了，她不能丢下父亲独自去享福！我们知道了母亲是多么的爱父亲！是啊！那样艰苦的年代，妈妈才 39 岁呀！她一个人承担起了父母亲的全部责任！那年的冬天，母亲的邻居打来电话：'秋月，快来看看你妈吧！她病了。'我心急火燎，开着车飞快地来到母亲的家中，当我看见母亲已瘦得不成样子，蜷缩在床上时，我惊呆了！

"母亲听见我来，无力地睁开眼睛。'妈，您病成这样，怎么不告诉我？您想让女儿后悔一辈子吗？'我跪在母亲的床前，泣不成声。'我知道你忙呀！八个人替不下一个你，只要你们仨过得好，我这点病不算什么，妈还行，能照顾自己。'母亲用她粗糙无力的手握着我的小手。从此，我放下手中所有的事情，经常去看妈，还时常把她接到我的家中。钱没有，我们可以挣，工作没有了，我们可以找；而母亲没有了，会让我们心痛一生。不要说工作太忙，不要说有要事缠身，不要等老人走了，再说对不起，悔恨终生！

对于母爱，用感恩两个字，太轻太轻！"

面对母亲给予我们的，我们做得再多，也无法补偿那份恩情。其他东西没有了，我们可以再努力创造，但是母亲没有了，我们将追悔一生。因为，母爱是我们幸福的源泉。

一路有您

一个朋友讲述了他母亲的故事，这个故事给很多人带来了温暖！

他说："母亲一直深爱着我，可我何时也爱过她？长期以来，我很少在别人面前谈起我的母亲，只因害怕触痛那根最容易伤感的神经。是沧桑的岁月，使我今天有了面对愧疚的勇气。我为有这么一次让我裸露灵魂的机会而淌下激动的泪水。感谢母亲，是她的容忍让我终于理解了这份不可多得的爱；感谢母亲，有母爱相伴，一路走来不孤单。

"母亲是一个农村妇女，大字不识一个，甚至连自己的姓名也不会写。依惯常和流俗的标准衡量，她似乎并没有多少可以谈论的资本，也不能使我感到骄傲。我常常在暗中觉得谈论她有点羞愧。但中国劳动妇女所具有的传统美德，在母亲身上似乎都可以找到。特别值得我学习的是，她一直表现着一种原始意义上的牺牲精神。母亲投入了自己全部的爱，并承受了滚滚而来的艰辛和委屈，甚至是超常的痛苦……

"我家原来是一个大家庭，全家20多口人的饭食、衣服的换洗全由母亲承担，许多的委屈和不平都落在她头上。大家一日吃三餐，她只能吃两餐。夜晚别人早早地歇息，她却要洗碗刷锅，挑水洗衣，缝缝补补。三更时分，就得起床为大家张罗早饭，而自己却总是忙得顾不上吃早餐。

"尽管如此劳累，母亲还是没少受气。妯娌间有了矛盾，就拿我

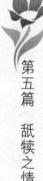

母亲出气，她们甚至串通一气，欺负我老实的母亲。那时候，每当看见母亲受委屈，我就气鼓鼓地用单薄的肩膀蹭蹭母亲的腰际，说：'妈，她们欺负您，您跟她们拼吧，我来帮您。'这时候，母亲总是轻轻地摇摇头，淡淡地笑笑，说：'忍了吧，明里人欺负，暗中天偿还。做人就是要吃得亏。吃亏是福，你以后长大成人了，要记得：真正的人，冷水泡饭要吃得，风凉怪话要听得，天大的委屈要受得。'

"树大分权，人多分家。随着叔叔的迎娶，原本很大的家庭分为三个小家庭。父亲是读书人出身，干的也是读书人的活。分家所得的5亩地便由母亲一人耕种。这时候，弟妹又相继出生。6个孩子5亩地，把母亲累得够呛。我觉得她不是在过日子，而是在熬日子。烈日炎炎的夏日里，热浪炙人，母亲挥汗如雨。母亲的岁月，就这样在耕耘中缓缓流逝。母亲吞进了苦涩与艰辛，再化为乳汁，让我们吮吸着生活的甘甜。

"一个孩子的成长，不知要耗费母亲多少的血汗，而我更是让母亲操碎了心。最不能忘怀的是，我读小学时，在一次跳山羊的体育课上，我不小心摔断了左腿。整整一学期，母亲每天往返两次，坚持背我上学、回家。哪一次，她不是小心翼翼地把我放在座位上就小跑着去田里干活？母亲瘦小的身影，多少次消失在我模糊的眼帘中……我折腾母亲，何止于此。孩童时期，我体弱多病，动不动就发高烧，一生病就彻夜啼哭，母亲常常抱着我摇啊摇啊。多少个雨夜，她抱着浑身滚烫的我深一脚浅一脚地跑向邻村，敲开了熟睡的医生的门。她簌簌而下的泪滴，无数次溅落在她怀里的我的瘦削的面庞上……脑海深处，全是母亲那布满血丝的双眼！

"由于身体不好，母亲不许我和别人一样乱跑乱跳。渐渐地，我便没了嬉闹的爱好和习惯。我只能从书本中去寻找属于我的乐趣，我真的不知道天底下还有什么比读书更令人感到惬意的事情。

"母亲知我嗜书如命，凡能为我做到的事，她都尽力去做。有一次，她从外公家做客回来，急不可待地把我叫到面前，煞有介事地从

裤腰里掏出了一本书递给我，说：'这回欢喜了吧？是你爱读的书。人家刚送还你舅舅，尽说这是一本好书，我便把它偷回来给你。'

"'哈……哈……哈……'我接过书一看，不觉按着肚子，蹲在地上，笑得直不起腰来。原来，她颇为得意地偷给我的竟是一本《母猪饲养》！母亲被我笑得莫名其妙，直愣愣地望着我。我好不容易停止了笑，说：'妈，你是要我读书还是要我养猪啊？这是教人如何饲养母猪的书，哪是什么好书呢！你看……'

"'哈……哈……哈……'没等我说完，母亲也笑得涨红了脸，我还没见她这样舒心地笑过。母亲从来没拿过别人的一针一线，可为了我，她当了一回'贼'！至今，我虽没有精心地去研读过这本'好书'，但我仍把它当作母亲馈赠给我的最为贵重的礼物珍藏着。它让我明白："人世间最深沉的爱，就是一个人为另一个人的一种这样牵肠挂肚、设身处地地着想啊！'

"如今，生活改善了，母亲再不用下田劳作了，孩子们也一个个地'飞'出去了。劳累了大半辈子的母亲觉得日子忽然间百无聊赖起来，她总是沉浸在过去那艰苦的岁月里，渐渐地，便变得爱唠叨起来。面对絮絮叨叨的母亲，我顶多是象征性地宽慰她几句，而更多的是不耐烦，要不就是粗暴地制止她，后来干脆保持沉默。她往往是坐在伏案的面前喃喃自语，不知不觉便打起了瞌睡……

"母亲年轻的时候，忙得连与别人搭腔的时间都没有。现在空闲了，却如此落寞！我不禁鼻子一酸，泪珠滴透纸背，儿时母亲伴我夜读的情景又浮现眼前……那时候，母亲常常陪我学习到深夜。尽管她第二天还要早早地起床劳作，但她还是一边做着针线活一边陪我把作业做完，再陪我睡觉而没有半句怨言。要是我遇到难题急得直哭，她就怜爱地说：'妈只知你是最能吃苦的孩子，妈不爱听你说难，因为一吃苦就不难了。'母亲这句温暖的话语，陪伴我度过多少苦读的日子啊！

"又是一个寂静的夜晚，看着读书读得入神的我，母亲几次欲言

又止。我抬头注视着身躯日渐佝偻，皱纹纵横密布，两鬓霜雪，双眼全是血丝的母亲，一股心酸袭上了心头……这，就是我来到这个世界上第一个给我大爱的人啊！为了我，母亲牺牲了多少自己的休息时间，为了这个家，母亲的身体都累垮了！可如今，长大了的孩子们又有几个能理解他们含辛茹苦的母亲呢？我终于没有以不耐烦的口吻对待母亲的唠叨和语重心长。那一晚，母亲宽容的话语，无声无息地将我自己挖掘的代沟填平。同时，也让我真正明白什么叫作宽容和体谅！

"母亲的爱，是无法替代的。30年来，大街小巷，呼唤我乳名的，总是我的母亲；白天黑夜，牵挂着我的幸福的，唯有我的母亲；不管对否，任凭我大发脾气而第二天仍会给我做饭、催我起床的，还是我的母亲啊！今天，面对您抚养儿女留下的心伤，我有什么资格责怪您的啰嗦，嫌弃您的贫寒？一想起您所承受的劳累和忍受的委屈，碰到针尖大的不快，芝麻大的痛楚，我又有什么理由埋怨，有什么借口逃避？

"是丑陋的我，嫌弃了母亲的卑微；是任性的我，排斥了母亲无言的爱；是浅薄的我，忽略了母亲的崇高！母亲虽不知书，但很达礼。就这一点，足以让我学习一辈子。

"我欠母亲的太多，太多，一生一世都偿还不清。只要能换得母亲开心的一笑，只要能愈合我们之间的伤痛，让我受多少苦都无所谓。甚至，我愿意以百倍的劳累为母亲换取精神上的安稳与欣慰。"

面对着一个为儿女牺牲了一切的母亲，所有的赞颂都是苍白无力的；面对着一个坚强而善良的母亲，儿女们所有的孝敬都是微不足道的。感谢您——母亲！感谢您包容了我们的一切，也只有您才会包容我们的一切！这些年来，是您在深爱着我们，是您在默默地付出才有了今天健康的我们。

期待在时间里久远，我们的幸运，全是母亲的造化啊！走了许多，绕过很多弯路，直到现在才明白：幸福不用那么多，一路有您，我们真的已足够！

唯愿在以后的人生道路上，都有您的陪伴——挚爱的母亲！

心灵悄悄话

　　母爱就是一生相伴的盈盈笑语；母爱就是漂泊天涯的缕缕思念；母爱就是儿女病榻前的关切焦灼；母爱就是儿女成长的殷殷期盼。它如同甜美的甘露、和煦的春风永远呵护着我们。

第五篇　舐犊之情深似海

与歹徒搏斗

在某个城市里，发生了这样一桩案子，它体现了母爱的伟大！

一天中午，一个捡破烂的妇女，把捡来的破烂物品送到废品收购站卖掉后，骑着三轮车往回走，经过一条无人的小巷时，从小巷的拐角处，猛地窜出一个歹徒来。这歹徒手里拿着一把刀，他用刀抵住妇女的胸部，凶狠地命令妇女将身上的钱全部交出来。妇女吓傻了，站在那儿一动不动。

歹徒便开始搜身，他从妇女的衣袋里搜出一个塑料袋，塑料袋里包着一沓钞票。

歹徒拿着那沓钞票，转身就走。这时，那位妇女反应过来，立即扑上前去，劈手夺下了塑料袋。

歹徒用刀对着妇女，作势要捅她，威胁她放手。妇女却双手紧紧地攥住盛钱的袋子，死活不松手。

妇女一面死死地护住袋子，一面拼命呼救，呼救声惊动了小巷子里的居民，人们闻声赶来，合力逮住了歹徒。

众人押着歹徒搀着妇女走进了附近的派出所，一位民警接待了他们。审讯时，歹徒对抢劫一事供认不讳，而那位妇女站在那儿直打哆嗦，脸上冷汗直冒。

民警便安慰她："你不必害怕。"妇女回答说："我好疼，我的手指被他掰断了。"说着抬起右手，人们这才发现，她右手的食指软绵绵地耷拉着。

宁可手指被掰断也不松手放掉钱袋子，可见那袋钱的数目和分量。民警便打开那包着钞票的塑料袋，顿时，在场的人都惊呆了，那袋子里总共只有8块5毛钱，全是一毛和两毛的零钞。

为8块5毛钱，一个断了手指，一个沦为罪犯，真是太不值得了。一时。小城哗然。

民警迷惘了：是什么力量在支撑着这位妇女，使她能在折断手指的剧痛中仍不放弃这区区的8块5毛钱呢？他决定探个究竟。所以，将妇女送进医院治疗以后，他就尾随在妇女的身后，以期找到问题的答案。

但令人惊讶的是，妇女走出医院大门不久，就在一个水果摊儿上挑起了水果，而且挑得那么认真。她用8块5毛钱买了一个梨子、一个苹果、一个橘子、一根香蕉、一节甘蔗、一颗草莓，凡是水果摊儿上有的水果，她每样都挑一个，直到将8块5毛钱花得一分不剩。

民警吃惊地张大了嘴巴。难道不惜牺牲一根手指才保住的8块5毛钱，竟是为了买一点水果尝尝？

妇女提了一袋子水果，径直出了城，来到郊外的公墓。民警发现，妇女走到一个僻静处，那里有一座新墓。妇女在新墓前伫立良久，脸上似乎有了欣慰的笑意。

然后她将袋子倚着墓碑，喃喃自语："儿啊，妈妈对不起你。妈没本事，没办法治好你的病，竟让你刚13岁时就早早地离开了人世。还记得吗？

"你临去的时候，妈问你最大的心愿是什么，你说：'我从来没吃过完好的水果，要是能吃一个好水果该多好呀！'妈愧对你呀，竟连你最后的愿望都不能满足，为了给你治病，家里已经连买一个水果的钱都没有了。可是，孩子，到昨天，妈妈终于将为你治病借下的债都还清了。

"妈今天又挣了8块5毛钱，孩子，妈可以买到水果了，你看，有橘子、有梨、有苹果，还有香蕉……都是好的。都是妈花钱买的完

好的水果，一点都没烂，妈一个一个仔细挑过的，你吃吧，孩子，你尝尝吧……"

一个母亲为了自己的已逝的孩子而受伤，可见，母爱的力量是多么伟大。

泪，刷的一下流了下来。留在我心里的不只是感动。父母为了自己的孩子，付出的又何止是这些呢？父母的爱没有停止过，即使是自己的孩子已经死去，却依然把爱带给进入坟墓的孩子，这样的爱，是多么深沉，谁又能说清楚？

有种爱不会重来

有一种爱，失去了就不会再拥有，而只有加倍珍惜，才能让爱在心中停留。

我的家在河北农村，我的父辈都出生在新中国成立前，所受的艰辛，是我们这一代无法理解感受的。我的出生给家庭带来了欢乐，因为是男孩。那是1973年中秋，父亲在北京工作，母亲和三个姐姐在老家，因为家中没有男劳力，地里的活全落在母亲的肩上，何况还有病得比较厉害的爷爷。记忆中父亲只有在过节的时候才背着面和大米还有糖从离家15里地的火车站走回来。母亲辛苦地劳作，没有闲时，就是三伏天的中午，吃过饭，还要急忙去地里砍草，因为家中养了一头牛，回到家时，衣服脱下来一拧，汗水哗哗的。

不知道那时的农活母亲是怎么完成的。

我一天天长大，村里的人都说我懂事，因为我知道母亲的辛苦。我在上小学二年级的时候，课间休息，大家在校门前玩（农村的学校没有院墙），我突然看到母亲背着比她大出几倍的高粱秸回家，但是她的腿一瘸一拐，衣服上有好多的叶子，头发有一绺散在额头。我呆呆地看着，泪水在眼眶中，死死地咬着嘴唇。那一刻我没有哭，那一刻我记忆犹新。

自此我每天放学都背起和我一样高的筐，去割草，去掰树叶。我做了一个小扁担，去离家两里远的井里挑水，回家后肩膀红肿得难以忍受，大姐哭了，说她不好。姐姐们都很心疼我，晚上睡觉的时候我

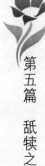

第五篇　舐犊之情深似海

不敢脱衣服，那一天我好像长大了。因为当时的环境不好，收成自然也不好，父亲每次带回的米面，只有掺着吃，母亲每次都把她的那一份，省给我吃。只有过节才一家人都吃白面，更不用说炒菜了。记得有一年的夏天，母亲和二姐很晚了都没有回家，我们在煤油灯下，等着。第二天，天很黑，雨大得吓人，母亲和二姐还没有回来。我和姐姐开始着急，大姐出去打听去了，我和三姐在大门口等，远远地望着那泥泞的路，期盼着母亲和姐姐的出现……

蒙蒙的雨中，我看到了母亲在拉着一辆车，大姐在后面使劲地推，车用塑料布盖着，母亲和大姐浑身都湿透了。一家人急乱地把二姐抬回屋里，这才知道二姐去掰树叶，从树上摔下来，摔断了腿，母亲拉着姐姐去了医院。晚上睡觉时，我看到母亲在偷偷地哭，整理着钱，有一角的，一元的。我没有敢出声。那一夜很闷热，没有一丝的风。

生活是快乐的，母亲随着我们的长大也快乐着。

有一天，我感到肚子疼，母亲急忙带我去乡里的医院检查，第二天，借了一辆自行车，说带我去市里。从医院出来，母亲告诉我，没事，吃点药就好了。已经是中午了，不懂事的我看到有卖包子的，非要吃，母亲买了几个给我吃，我香香地吃着，母亲没有吃，只是在看着我，我拿着一个包子给母亲吃，她只是咬了一小口，说她不饿。我没有再吃，说饱了。至今，每次吃包子，我都会想起这件事，每一次我都慢慢地品尝，因为里面有那伟大的母爱。那一年我上小学4年级。

那年的秋天，我离开了生我养我的故乡，离开了我那慈爱的母亲，来北京上学。那天走得很早，母亲一直没有说话。到了车站，要上车时，我再也忍不住，哇哇地哭了，扑进了母亲的怀里，母亲说，好好学习，不要想她。车已经开了，我回头看见母亲还愣愣地站在那里，看着我，就那么一直看着，车渐渐远去。

在京的学习还比较顺利，但父亲说我瘦了，因为每一天我都吃不了很多东西。

我每一周都要写信给母亲，什么都说。这时我才感觉到，什么是思念，这时我种下了一棵思念的树，而且在不停地长，每一天我都用心血去浇灌，用爱去培养。终于到了假期，父亲没有时间送我回家，我也坚持自己回去，那时没有京九铁路，只能到石家庄去换车，我说完全可以，让父亲放心。那天我吃了很多的东西，父亲也很高兴。

终于到家了。

终于见到母亲了。

到家的时候天已经很黑，母亲和姐姐们没有吃饭，一直在等我。我刚进门，母亲就急急地出来了，紧紧地抱着我。那天，我看到母亲哭了。我给母亲和姐姐们讲着北京的繁华，母亲就那么一直看着我，直到我睡觉。第二天，母亲还在埋怨父亲应该送我回来。我看到母亲很精神地出来进去地忙。幸福的时光总是很快。马上就要开学了，父亲说，他要出国一段时间，要母亲和我们一起走，姐姐们都说，她们大了，可以自己照顾自己，一致同意母亲和我们走。就这样母亲在北京一直陪我读完了初中。那一段时间是我最高兴的，是我生命中最难忘的，也是我感觉最幸福的时光。

随后的生活也好起来了。

初三毕业了，母亲却要回家，她放心不下姐姐们，放心不下那个家。我也决定回家念高中，因为我知道母亲离不开我。学校离家很远，有五六十里地，我每月回家一次。每次到了月底，母亲总是找理由到村头去接我，做很多好吃的给我。母亲说我长大了，她第一次说，她很高兴。随后的几年，姐姐们相继出嫁，我要到天津上大学了，父亲要求母亲来北京，母亲说她离不开这个家，姐姐也想把母亲接过去，但母亲坚持不去。就这样，母亲开始了独自在家的生活。为了锻炼身体，母亲坚持留了一亩地，因为她知道，我爱吃她做的饭。天津离家不是很远，我一直还是每月回家一次。每次回家，母亲还是在村头等我，无论刮风还是下雨。

自警

我快要毕业那年，有一个机会去澳大利亚工作学习。母亲说，慈母多败儿，同意我去。签证快要下来了，母亲和父亲，在为我收拾东西，我看到他们都默默无语，这时我才发现，我的父亲母亲都已经不再年轻。第二天，我说，我不去了。其实这正是他们想听到的。父亲开心地笑了，母亲说去做饭。那一天，我在心底种下的那棵树，又在疯长。我可以感觉到，这棵树，很高很大，已经成为我生命中的一部分。

毕业后，我回到了老家，我要补偿什么。工作一年后，在母亲的坚持下，我来到了北京。后来有了工作，再后来有了妻子，母亲却一直不肯过来，因为没有大的房子，怕拖累我。

直到儿子快要降生，我买了一套房子，为了孙子，母亲终于决定来北京。儿子出生了，母亲天天高兴地看孙子，每一天总是高兴的。我又开始享受生活。儿子比较调皮，长牙时总是要咬母亲的手和脸。但母亲只是说不疼，没事。我和妻子开始带母亲出去玩，但是，她总是说，北京什么都那么贵，总是不愿意。

在我的儿子一岁那年，母亲总是背疼，我们带母亲去了医院. 医生说是，肺癌，晚期。

这时，我感到我种的那棵树，在抖，脑中一片空白，我心底的那棵树，在经历着暴风雨，摇晃着，牵动着我的心，撕裂般地疼。母亲说，一辈子没有进过医院，没有事情的。医生给母亲做了肺部肿瘤的切除手术，一家人在手术室门口，等了一上午。我感到这像是我的心，已经被切走了一部分。随后的日子，天总是灰沉的。为了隐瞒，只好把药瓶子上的标签揭走，告诉母亲，为了省钱，那是简装药。直到今天，我总是感觉，母亲其实是知道什么的，只是大家没有捅破这一层纸。没有人时，母亲对我说，她很知足了，如果真的有那一天，她要回老家。

风越来越大，仿佛要连根拔起我那棵心底的树，肆虐地抽打着这棵摇摆的树，树上已经果实累累，我无助地守着它，树的根基已经裂

朝如青丝暮成雪

开，那是我的心，在被撕裂。

我已经没有了泪水，眼睛干干地疼。风越来越大，树，快要倒了……

母亲又要回老家了，临出家门时，目光呆呆地看着她心疼的孙子。

那一天是正月十六。晚上9点，我们回到了老家，把母亲抬到了床上，母亲的眼睛就那么看着我，看着姐姐们，看着这熟悉的家，目光，是那么的慈祥，那么的满足。

一声霹雳，我培养30年的，那棵树，倒了，消失了。我心中的世界，一片阴暗，我被掏空了一切，我的身，我的心，冷得发抖。我赖以生存的树啊，带走了30年的，甚至一辈子的果实，就那么，没有了。我痛啊，我没有什么言语，只是那么抱着母亲，那么抱着……

随后的几天，我明白了什么是空白，什么是悲伤……我开始全身心的热爱生活，感受生活中的喜悦、痛苦。

因为世间，有一种爱，是不会重来的！只有我们珍惜，爱才会让我们幸福！珍惜所有！

 灵悄悄话

俗语说："树欲静而风不止，子欲养而亲不待。"世间有永难报答的恩情，因为世间，有一种爱，是不会重来的！为了不让亲情在熙熙攘攘的生活中变得脆弱，不让自己留下无尽的遗憾和悔恨，让我们及时为母亲送上最美的关心和祝福吧。

病房里的感动

爱，发生在任何的地点；爱，在每个角落里都停驻。

晚上9时，医院外科3号病房里新来了一位小病人。小病人是个四五岁的小女孩。女孩的胫骨、腓骨骨折，在当地做了简单的固定包扎后被连夜送到了市医院，留下来陪着她的是她的母亲。大概因为是夜里，医院又没有空床，孩子就躺在担架上，被放在病房冰冷的地板上。孩子的小脸煞白，那位母亲一直用自己的大手握着孩子的小手，跪在孩子的身边，眼睛一眨也不眨地盯着孩子的脸。

"妈妈，给我包扎的叔叔说过几天就好了，是不是?""是!"母亲的脸上竟然挂着慈祥的笑，好像很轻松的样子。孩子没说话，闭上眼，眼泪流了出来。过了一会儿，孩子说："妈妈，我疼!"母亲弯下身子，把自己的脸贴在孩子的小脸上，用自己的脸擦干孩子的泪水。当她抬起头的时候，脸上依然挂着那种轻松的慈爱的笑："妈妈给你讲故事好吗?"孩子点点头，眼泪还是不停地流下来。母亲讲的故事很简单：大森林里的动物们都来给大象过生日。

它们各自都送给大象珍贵的礼物，只有贫穷的小山羊羞怯地讲了一个笑话给大象，大象却说，小山羊给大家带来了欢乐。它的礼物是最值得珍惜的。不知道母亲为什么选了这样一个故事。孩子的眼睛亮起来，她一边用手抹眼泪，一边用快活的声音说："妈妈，它们有蛋糕吗? 我过生日的时候你是不是也会给我买最大的蛋糕?""当然要买蛋糕。"母亲的声音那样轻快，孩子也笑了。

"妈妈，再讲一遍。"于是，母亲就一遍一遍地讲下去，她的手一直握着孩子的小手，脸上依然挂着轻松的慈爱的笑。女孩终于忍不住了，眼泪再次流下来："妈妈，我很疼！"并轻声哼起来。母亲一边给孩子擦眼泪一边问："你想大声哭吗？"孩子点点头。病房里却是出奇的安静，不知道大家是不是都睡了。

　　"让妈妈陪着你一起疼好吗？"孩子点点头，又摇摇头。母亲把手放在女孩的唇边说："疼，你就咬妈妈的手。"孩子咬住了妈妈的手，可眼泪还是不停地流。后来，孩子终于闭上眼睛睡着了，脸上还挂着泪水，母亲这时却是泪流满面。凌晨3点的时候，孩子从梦中疼醒了，她叫了一声"妈妈"，就轻轻地抽泣起来。"孩子要哭，你就让她大声哭吧！"一个声音在房间里响起。"孩子，你哭吧。"房间里的人一齐说。他们竟然都是醒着的。母亲看着孩子的脸，说："想哭就哭吧，好孩子。""妈妈，叔叔、阿姨不睡了吗？"孩子哽咽着问，眼泪浸湿了她的头发。她的小脸像个天使。

　　屋子里能走动的人都来到了孩子的跟前，一名40岁左右的妇女拿起一个橘子，一边剥皮一边说："吃个橘子吧，小宝贝，吃了橘子你就不疼了。"她说着眼泪滚落在孩子的脸上。孩子吃惊地看着她，然后伸出自己的小手去擦阿姨脸上的泪，那女人更止不住地哭泣起来："我从来没看到过这么懂事的孩子……"那一夜，大家都没有再睡，大家都被感动着，被那个孩子感动着，被孩子的母亲感动着。有一个称职的母亲才会有这样优秀的孩子。

心灵悄悄话

　　在我们生病的时候，日夜守候在我身边的，为我们担心和牵挂的，不正是我们最亲爱的母亲吗？柔柔的母爱让人感怀，那触动心扉的瞬间便定格为永恒。

母亲教我做人

墙角的野草能从石缝中钻出，是种坚毅；每一片竹叶都会垂下头，是种谦虚；蚂蚁齐心协力能够搬动比它们重几十倍的东西，是种团结。而你——母亲，教给我的却是我这一生中最重要的品质。

小时候，隔壁家院子里有一棵很大很大的枇杷树，夏天结出了满树的金黄果实。你总会牵着我的手走过，在树下站一会儿，让我体验"夏"的感觉。我在想，你应该是喜欢吃枇杷的吧？尔后有一天，我经过你的窗前，看见你正在为我缝补一件破了的衣服，我忽然觉得你为我付出了那么多，我却从来没有回报过。我翻过低低的墙，爬上那棵枇杷树，穿梭于满树的金黄。

我摘了五六个最大最鲜艳的枇杷放在你窗前，心里想着：妈妈，你爱吃的枇杷。你看见了这些金黄色的"小精灵"，浅浅地一笑，又忽然生气地把我喊来："小雨，我们家怎么会有枇杷？"我笑眯眯地望着你说："妈妈，我为你摘的。"想不到，你竟然把我的手抓起来，用你的手狠狠地抽我的手心："小雨，你怎么能够做出这种事情？偷人家的枇杷，偷！"我很委屈，但是你却告诉我不准哭，要有骨气，错了就要有勇气承认。我含着眼泪点了点头，任凭手心里的痛，蔓延到心上。

夜晚，你把我叫醒，抚摸我的手心，问我痛不痛。我摇摇头，不痛，早已经淡了。打在我手上，疼在你心里，所以你从来都用你的手打我，体验和我一样的痛。这点我是知道的。你把那几颗枇杷放在我的手心:"小雨,吃吧,我和隔壁的奶奶讲好了。"我说:"妈妈,你吃!这是我给你摘的。"你点点头,瞬间没了声音。即使相隔得很远,我还是清晰地感觉到了你的体温与颤抖的身躯——妈妈,你哭了吗?

这是我第一次吃到枇杷,这味道我依然记得的。后来我一次次地发现。你总是用你的一切行动告诉我——人生的真谛。你会让暂时无法回家的孩子留在我家;你会把生病时的痛苦埋在心底,想隐去我们心中的担忧;你会偶尔帮助邻居家的人,也是不选择对象的;你会把过错揽一些在身上,让别人不会那么难堪……爱心,尊严,为人着想,舍己为人。一瞬间我觉得你是那么的伟大!

你教给我的,将使我受用一生。而我,又用什么来讴歌你的伟大——母亲!

心灵悄悄话

打在儿身,疼在娘心。母亲,从一出生就开始教导我们,教会我们如何做人、说话,还有如何为人处世。母亲给的爱,并不像我们看到的那么少,她会在我们睡着的时候轻轻地为我们盖上被子,在我们生病的时候亲手喂我们吃药。这是多么伟大的一种爱啊!

了不起的爱

父爱，如同春天里的阳光，带给我们温暖，而父亲给予的爱又是多么了不起的爱！在这个时候，我们更应该为父亲了不起的爱欢呼，用自己的爱回报父亲的爱！

新生入学，某大学校园的报到处挤满了在亲朋好友簇拥下来报到的新同学。被送新生的小轿车挤满的停车场，一眼望去好像正举行一场汽车博览会。

学校的保安这些年虽然见惯了这种架势，但仍然警惕地巡视着，不敢有半点闪失。

这时，一个粗糙的手里拎着一只颜色发黑的蛇皮袋、衣衫褴褛的中年男人出现在保安的视野中，那人在人群里钻出钻进，神色十分可疑。

正当他盯着满地的空饮料瓶出神的时候，保安一个箭步冲上去，揪住了他的衣领，已经磨破的衣领差点给揪了下来。

"你没见今天是什么日子吗？要捡破烂也该改日再来，不要破坏了我们大学的形象！"

那个被揪住的男人其实很胆小，他第一次来到大城市，更是第一次走进大学的校门。

当威严的保安揪住他的时候，与其说害怕不如说是窘迫，因为当着这么多学生和家长的面，他一时竟说不出话来。这时，从人群里冲出一个女孩子，她紧紧挽住那个男子黑瘦的胳膊，大声说："他是我的父亲，从乡下送我来报到的！"

保安的手松了，脸上露出惊愕的表情：一个衣着打扮与拾荒人无异的农民竟培养出一个大学生！不错，这位农民来自湖北的偏僻山区，他的女儿是他们村有史以来走出的第一位大学生。

他本人是个文盲，十多年前曾跟人远远地到广州打工。因为不识字，看不懂劳务合同，一年下来只得到老板说欠他800元工钱的一句话。没有钱买车票，只得从广州徒步走回湖北鄂西山区的家，走了整整2个月！在路上，伤心的他暗暗发誓，一定要让三个儿女都读书，还要上大学。

女儿是老大，也是第一个进小学念书的。为了帮家里凑齐学费，她8岁就独自上山砍柴，那时每担柴能卖5分钱。进了中学后住校，为节省饭钱，她6年不吃早餐，每顿饭不吃菜只吃糠饼，就这样吃了6年。为节省书本费，她抄了6年的课本……

她终于实现了父亲的也是她的愿望，考上了大学。父亲卖掉了家里的5只山羊又向亲朋好友借贷，总算凑齐了一半学费。父亲坚持要送女儿到大学报到，一是替女儿向学校说说情，缓交欠下的另一半学费，二是要亲眼看看大学的校园。临行时，他竟找不出一只能装行李的提包，只好从墙角拿起常用的那只化肥袋。

他绝对想不到会在他心目中最庄严的场合被人像抓小鸡似的拎起来。当女儿骄傲地叫他父亲，接过他的化肥袋亲昵地挽着他的胳膊在人群中穿行的时候，他的头高高地昂起来，那是一个父亲的骄傲，也是一个人的骄傲。

报到结束了，还有些家长在学校附近的旅馆包了房间，将陪同他们的儿女度过离家后的最初时光。但他不能，想都不敢想。他一天也不敢耽误返程的时间，而且他的路比别人都要遥远，因为他将步行回到小山村。

不过，这一次步行，他会比一生中的任何一次都要欢快，他知道能买得起一张硬席车票的日子已经近了……

自警

父亲，如同高大的树，为子女付出再多也心甘情愿。父亲，给予很多的爱，让自己的子女在健康中成长。歌颂父爱！世界因为有爱，才会更美好！

女儿的那句话，让父亲变成了高大的山，如此伟岸。父爱如海，宽阔无边，为了儿女可以做出很多惊人的举动。想一想，我们的父母为了我们何尝不是这样呢。让我们用心，去爱自己的父母，哪怕只是端一杯热茶。